A HISTÓRIA DOS
EVANGÉLICOS
PARA QUEM TEM PRESSA

studio elucidande veritatis: hec subscripta disputabutur Wittenberge. Presidente R. P. M. et S. Theologie Magistro: eiusdemq3 ibidem lectore Ordinario. Quare petit: vt qui no presentes nobiscu disceptare: agant id literis absentes. In noie dni nostri iesu chri.

ster nr Jesus chrs dicendo. Penitentia agite. 7c.	**24** Docendi sunt christiani. q3 venie pa
ii penitentiam esse voluit.	dant. Sed nocentissime: si timorem
itetia sacramentali(id est confessiois et satisfactiois	**25** Docendi sunt chriani. q3 si Papa no
ministerio celebratur)non pot intelligi.	rum mallet Basilica. s. Petri in cine
endit interiore: immo interio: nulla est. nisi foris ope	sibus oxium suax.
s mortificationes.	**I** Docendi sunt chriani. q3 Papa sicut
donec manet odiu sui (id est penitentia vera intus)	opus sit. Basilica. s. Petri: de suis pe
um regni celox.	nijs quida cocionatores veniax pec
pot vllas penas remittere. pter eas: quas arbitrio	Vana est fiducia salutis p lfas venie
um imposuit.	pa ipse sua aiam p illis impignerare
ittere vlla culpa nisi declarando et approbando r	Hostes chri et Pape sunt it: qui ppt
t certe remittendo casus reservatos sibi: quib3	alijs ecclesijs penitus silere iubent.
s remaneret.	Inuria fit verbo dei: du in code3 ser
uttit deus culpa: quin simul eu subijciat: humiliatu	impenditur veniax g3 illi.
oti suo vicario.	Mens Pape necessario est. q3 si veni
ales solu viuetibus sunt impositi. nihil	pompis: et ceremonijs celebra
imponi.	upanis: centu pompis: cent
cit spusctus in papa. excipiende	ecclie vn Papa dat indulg
r necessitatis.	ppm christi.
faciut sacerdotes ii: qui moritu	certe no esse patet. q3 n
efruant.	lti concionator.
itanda pena Canonica in pena	tra Chri et lectox. q3 he
s episcopos seminata.	cruce: morte: infernum
ice no post: sed ante absolutio	ecclie. s. Laureti9 dixit
vere contritiois.	suo tpe.
oiunta soluunt. et legibus can	ate dicim9 claues eccl
um relaxationem.	q3 ad remissione penax
seu charitas morituri: necessari	rus ecclie. est sacrosce
matorem: quato minor fuerit ipa	merito odiolissimus: e
o2 satis est. se solo (vt alea tacea)	aut indulgentiax merit
ius desperatiois hoxrou.	auri Euangelici rhetia f
purgatoriu: celum differre: sicut	indulgentiax rhetia sunt:
s differunt.	quas cocionatores voc
iab9 in purgatorio: sicut minui	qd questa pmouen
	re vera minime ad gra
ef vllis: aut roinibus aut scriptu	**19** tenent Epi et Curati veniax aplic
ende charitatis.	a admittere.
se videt: q3 sint de sua britudine	**20** ed magis tenent oibus oculis in
sunt simus.	p comissione Pape sua illi somni
missione plenaria oim penax. no simpliciter	**21** tra veniax aplicax 7itatem q loqu
o tantumodo impositax.	**22** u vero contra libidine ac licenti
getiaru pdicatores. ii: qui dicut per pape i	am agit: sit ille benedictus.
i pena solui et saluari.	**23** ut Papa iuste fulminat eos: qui
it aiabus in purgatorio: qua in hac vita del	3 arte machinantur.
cre.	**24** magis fulminare intendit eo
im oino penax: pot alicui dari. certu est ea p	charitatis et veritatis mac
issimis dari.	**25** as papales taras esse:
est: matoxe parte popli: per indifferente illa na	p impone3 dei genitrice violasset.
te pmissionem.	**I** Dicimus contra. q3 venie papales:
papa in purgatoriu gnaliter: talem h3 qui Ept	re possint quo ad culpam.
3 in sua diocesi et parochia specialiter.	**2** Q3 df. nec il.s. Petrus modo Papa
a: q3 no ptate clauis (qua nulla h3) sed pe suf	est blasphemia in sctm Petrum et P
emissionem.	**3** Dicimus contra. q3 etia iste et quilib
ui statim vt iactus nummus in cistam tinnierit: euo	lium: virtutes: gras curationu. 7c. u
	4 Dicere. Cruce armis papalibus insig
cista tinniente: augeri questu et auaricia posse. suf3	lere: blasphemia est.
:in arbitrio dei soli9 est.	**5** Ratione reddent Epi: Curati: et T
ie in purgatorio velint redimi. sicut de.s.Scuerino	pulum licere sinunt.
arzatur.	**6** Facit hec licetiosa veniax pdicatio
o de veritate sue cotritiois. multominus de cosecu	etia doctis vir3 redimere a calunia
uissionis.	**7**
ittes: ta rar9 est ve indulgetias redimes. i. rarissim9	
u cu suis mgris: qui p lfas veniax securos sese cre	

JOÃO OLIVEIRA RAMOS NETO

A HISTÓRIA DOS EVANGÉLICOS PARA QUEM TEM PRESSA

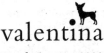

valentina

Rio de Janeiro, 2023
1ª edição

Copyright © 2022 *by* João Oliveira Ramos Neto

CAPA
Sérgio Campante

DIAGRAMAÇÃO
Kátia Regina Silva | editoríarte

Impresso no Brasil
Printed in Brazil
2023

CIP-BRASIL. CATALOGAÇÃO NA PUBLICAÇÃO
SINDICATO NACIONAL DOS EDITORES DE LIVROS, RJ
GABRIELA FARAY FERREIRA LOPES – BIBLIOTECÁRIA – CRB-7/6643

R144h

Ramos Neto, João Oliveira
  A história dos evangélicos para quem tem pressa: dos luteranos aos neopentecostais em 200 páginas! / João Oliveira Ramos Neto. – 1. ed. – Rio de Janeiro: Valentina, 2023.
  200p.; 21 cm.

ISBN 978-65-88490-60-0

  1. Protestantes – História – Brasil. 2. Igrejas protestantes – Brasil – História. I. Título.

23-83502

CDD: 280.4092
CDU: 27-9(09)(81)

Todos os livros da Editora Valentina estão em conformidade com o novo Acordo Ortográfico da Língua Portuguesa.

Todos os direitos desta edição reservados à

EDITORA VALENTINA
Rua Santa Clara 50/1107 – Copacabana
Rio de Janeiro – 22041-012
Tel/Fax: (21) 3208-8777
www.editoravalentina.com.br

SUMÁRIO

Introdução   7

CAPÍTULO UM ● O Início do Movimento Evangélico   11
A Historiografia da Reforma Protestante   18   As Fontes da
Reforma Protestante   20   Os Antecedentes Históricos da Reforma
Protestante   21   O Desenvolvimento   34   Começam os Conflitos   36
A Expansão da Fé Luterana   40   Enquanto Isso, na Inglaterra...   47
O Legado da Reforma Protestante   49

CAPÍTULO DOIS ● Novas Doutrinas Dividem o Movimento   56
Os Puritanos   58   O Pietismo e os Grandes Avivamentos   62
Os Liberais e os Fundamentalistas   69   O Surgimento do Movimento
Pentecostal   72   Os Evangélicos Durante a Guerra Fria   74

CAPÍTULO TRÊS ● Os Evangélicos Chegam ao Brasil   78
Os Protestantes Tradicionais Históricos   81   Os Evangélicos
Pentecostais   93   Os Paraevangélicos   114   As Igrejas Autônomas   131
A Insuficiência da Tríade Tradicional, Pentecostal e Neopentecostal   134

**CAPÍTULO QUATRO ● História das Principais Controvérsias
no Brasil   143**
Música e Liturgia   147   Eclesiologia   157   Política   163   Doutrina   169
Costumes   176   A Maçonaria   180   Como Entender as Igrejas Evangélicas
e os Evangélicos   182

Considerações Finais   188

Bibliografia Básica   194

INTRODUÇÃO

Por que existem tantas igrejas diferentes? Até o século 16, eram somente duas igrejas cristãs: a Católica Apostólica Romana, no Ocidente, com sede em Roma, e a Ortodoxa, no Oriente, com sede em Constantinopla. Em 1517, porém, um monge católico, da Ordem dos Agostinianos, de nacionalidade alemã, questionou o poder absoluto do papa, criticando o que considerava erros da Igreja Católica. Essa ação deu início ao movimento que ficou conhecido como Reforma Protestante. A partir de então, o Cristianismo dividiu-se em diversas igrejas diferentes.

Neste livro, vamos estudar esse movimento que deu origem às diversas denominações cristãs existentes. Os membros desse movimento passaram a ser chamados *evangélicos* para diferenciar-se dos *católicos*. Não é nosso objetivo fazer um estudo exaustivo, e sim uma introdução. Por outro lado, não queremos que seja uma introdução demasiado rasa, mas problematizante e reflexiva, como deve ser o estudo histórico.

Nosso objetivo também foi produzir um estudo com uma linguagem bem clara e acessível, fugindo de termos que restringem o leitor a um pequeno grupo privilegiado de iniciados. Por outro lado, não evitamos totalmente o uso de termos técnicos, porque também desejamos que, mesmo enquanto faz uma leitura agradável, ele amplie o seu conhecimento, às vezes recorrendo a uma pesquisa paralela para elucidar determinado termo. Considerando tratar-se de um segmento cristão, é recomendável que tenha um conhecimento prévio da história do Cristianismo, onde se encaixa a história dos evangélicos. Caso seja leigo no assunto, sugerimos que leia este livro duas vezes, pois, de posse de todas as informações adquiridas na primeira leitura, a segunda fará mais sentido.

Entre os diversos diferenciais deste livro, destacamos a exaustiva síntese visando abranger numa única obra todas as denominações evangélicas existentes no Brasil. Dessa forma, fomos dos luteranos aos neopentecostais. Trouxemos também todas as atualizações possíveis do assunto, superando explicações defasadas, como dividir os evangélicos somente em três ondas do Pentecostalismo, ou reduzir a Reforma Protestante a Lutero e Calvino. Por fim, mas não menos importante, apresentamos os resultados inéditos de pesquisas que desenvolvemos na carreira acadêmica. Por isso, ao final, há uma sugestão de bibliografia para aprofundamento. Este é, portanto, um guia bastante pesquisado, conciso e, sobretudo, didático.

No que se refere à sua relevância, assim como a memória gera a identidade de um indivíduo, a história gera a identidade de um grupo coletivo. Por isso, é necessário que os evangélicos conheçam a sua história e entendam o porquê de muitas práticas e rituais adotados e realizados em suas igrejas até hoje. Um diferencial deste livro é ser uma ferramenta que proporcionará a evangélicos de uma determinada denominação saber como pensam e agem os demais evangélicos das denominações diferentes. Que fique bem claro: não defendemos nenhum ponto de vista específico.

O nosso objetivo foi, exclusivamente, mostrar todas as correntes de pensamento, de forma igual, para o leitor tomar conhecimento e não fazer apologética desta ou daquela denominação específica. Por outro lado, a história dos evangélicos não se limita apenas aos próprios evangélicos. Como um grupo religioso, presente cada vez mais na sociedade, cultura e política brasileiras, é importante conhecê-los para entender melhor o nosso próprio país. Por isso, este livro também é indicado para quem não é evangélico, mas tem interesse em aprender sobre eles. A ideia, como resultado esperado de um estudo histórico, é diminuir o preconceito, tanto entre os evangélicos com denominações diferentes, como entre os que não são evangélicos e caem no equívoco de rotular todos como se fossem iguais e, às vezes, até reduzidos ao que os inimigos dizem a respeito, sem corresponder à realidade.

INTRODUÇÃO

Lembremos também que o estudo histórico não pode ser mera descrição de fatos que forçam o estudante a decorar informações sem sentido. Deve, antes, produzir uma reflexão crítica cuja explicação faça sentido para o sujeito entender o seu lugar no mundo. A História é a investigação do homem no tempo, cuja reflexão contemporânea elabora os questionamentos que o pesquisador faz para o passado. As pesquisas históricas referem-se ao passado, mas o fazem com o objetivo de constituir, a partir do passado, um sentido para o presente. Foi isso que buscamos.

Do ponto de vista teórico, adotamos os pressupostos da História Cultural, que investiga a religião sem reduzi-la ao aspecto econômico e social. Adotando este pressuposto, defendemos que uma concepção de fé pode ser geradora de comportamento social, e não acreditamos que uma doutrina seja simples reflexo de outros interesses, entre eles, o econômico.

Por muito tempo, inclusive como herança do período da ditadura militar no Brasil (1964-85), pensou-se que estudar História era decorar nomes e datas, numa sucessão de eventos sem sentido. No entanto, o estudo histórico torna-se relevante quando nos permite questionar e refletir criticamente sobre o nosso mundo. Por isso, uma forma prática de se estudar o que aconteceu no passado é analisar as causas, o desenvolvimento e as consequências do evento. Foi isso que procuramos trazer.

No primeiro capítulo, falaremos das origens do movimento evangélico no cisma que começou em 15 de outubro de 1517, em Wittenberg, onde hoje é a Alemanha. No segundo, veremos o desenvolvimento desse movimento e como ele se subdividiu em diversas correntes de pensamento diferentes entre si. No terceiro, estudaremos, desde a chegada dos primeiros evangélicos ao Brasil até a sua consolidação e atualidade. E, no quarto e último capítulo, explicaremos como a identidade dos evangélicos brasileiros foi se formando a partir dos embates e controvérsias internas que o movimento teve ao longo de sua história. Ao final, você terá uma visão panorâmica que lhe permitirá compreender este universo religioso.

Boa leitura!

CAPÍTULO UM

O Início do Movimento Evangélico

O que é o movimento evangélico? Não é fácil responder tal pergunta. Trata-se de um movimento religioso muito vasto e muito diferente entre si. Do ponto de vista etimológico, *evangélico* é aquele que segue o *Evangelho*. Dessa forma, em uma perspectiva ampla, *cristão* e *evangélico* são sinônimos. Mas, do ponto de vista social, político e histórico, usa-se o termo *evangélico* para diferenciar um grupo de cristãos que não se confundem com os católicos, espíritas ou ortodoxos. Ainda ficou confuso? Então, o único jeito de entender da melhor maneira possível quem são os evangélicos é justamente conhecendo a sua história. E ela começa em 31 de outubro de 1517, lá onde hoje é a Alemanha, por meio de um movimento que ficou conhecido como Reforma Protestante.

A Reforma Protestante aconteceu entre os anos 1517 e 1555, principalmente no território do Sacro Império Romano-Germânico (adiante, em alguns momentos, chamaremos apenas de Império Germânico), região onde hoje se situam, principalmente, a Alemanha, a Áustria, a República Tcheca, a Suíça e a Holanda. Como dissemos acima, ela começou especificamente em 31 de outubro de 1517, quando o monge agostiniano, Martinho Lutero (1483-1546), divulgou suas 95 teses na cidade de Wittenberg, atual região nordeste da Alemanha, contra algumas doutrinas da Igreja Católica daquela época, que ele considerava abusivas, entre elas, a *doutrina das indulgências*.

A religião cristã se baseava na ideia de vida após a morte. Quando uma pessoa perdia os sinais vitais, sua alma continuava a jornada em outro plano. Este poderia ser um lugar bom, comumente chamado *Céu* ou *Paraíso*, ou um lugar ruim, de castigos eternos, chamado *Inferno*.

As questões que sempre preocupavam os diversos grupos cristãos eram: "Como fazer a escolha correta?", "Como ter certeza dessa escolha?". Por fim, a pergunta crucial: "Quando eu morrer, irei para o Céu ou para o Inferno?"

Durante a Idade Média, a Igreja Católica elaborou uma complexa doutrina, baseada em teólogos, como Santo Agostinho (354-430), São Jerônimo (347-420) e São Tomás de Aquino (1225-74), que ficaram conhecidos como "Pais da Igreja" e estabeleceram que, em geral, o que definiria o destino eterno da alma de uma pessoa após a morte seriam, predominantemente, as suas *ações*. Se ela fizera mais boas que más ações, seria merecedora do Céu, obtendo, assim, a salvação da sua alma. Uma pergunta, porém, veio aumentar ainda mais a angústia das pessoas. "Como saber se fiz bem suficiente para a minha salvação?"

Para resolver esse dilema, a Igreja Católica desenvolveu outras doutrinas, como a do *Purgatório* e a das *indulgências*. O Purgatório seria uma terceira via entre o Céu e o Inferno, onde a pessoa poderia pagar os pecados antes de merecer ir para o Céu, não precisando, necessariamente, seguir direto para o Inferno. A *doutrina das indulgências* daria um reforço nessa busca da salvação: E se a pessoa pagasse em dinheiro pelos pecados cometidos?

Geralmente divulga-se que a doutrina das indulgências pregava a compra do Paraíso, mas isso não é tão simples assim. A ideia capitalista que estava nascendo naquela época acabou influenciando a teologia da Igreja. As indulgências surgiram do sacramento da penitência mesclado com as ideias capitalistas: a Igreja oferecia a absolvição da culpa do pecado e a compensação da ação ofensiva esporádica das pessoas. O termo *penitência*, em si, deriva do latim, *poena*, que significa não só punição, mas também compensação, satisfação e, principalmente para o sentido teológico, *expiação*.

CAPÍTULO UM: O INÍCIO DO MOVIMENTO EVANGÉLICO

A ideia da indulgência como compra de expiação baseava-se na *teoria do tesouro da graça*, que estaria à disposição da Igreja. Isto é, a Igreja tinha um tesouro espiritual de méritos salvíficos, acumulados devido ao excedente gerado pelas boas obras dos santos, méritos esses que poderiam ser dispensados a quem, em débito espiritual, deles necessitasse. Ou seja, a Igreja adotava uma mentalidade contábil à semelhança da burguesia urbana e capitalista que nascia. Inicialmente, as pessoas comprariam méritos para diminuir a culpa de seus pecados e, assim, reduzir os dias que passariam no Purgatório após a morte.

A mentalidade do povo, como sempre aconteceu no Catolicismo popular, distorceu o significado teológico original da doutrina das indulgências, tirando-lhe o sentido de remissão de uma penalidade temporal e colocando, no lugar, a ideia de um bilhete de entrada no Paraíso. Johann Tetzel (1465-1519), que era o maior vendedor de indulgências, quando ia vender os bilhetes afirmava: "No momento em que o dinheiro na caixa tinir, do Purgatório ao Céu salta a alma a seguir."

A venda de indulgências, ao contrário do que muitas vezes se pensa, não era uma rotina, mas um evento extraordinário. Semanas antes, os emissários do vendedor anunciavam sua chegada em determinada localidade. A visita a uma cidade específica era previamente estudada e planejada, listando as mais ricas e o respectivo custo de vida para estabelecer os preços a serem cobrados. Quando o vendedor de indulgências chegava, sua entrada era acompanhada por uma banda musical e uma procissão que levava bandeiras e imagens. Formava-se, então, um palco, onde eram encenadas imagens do Inferno e onde o vendedor, sempre eloquente, pregava um sermão aterrorizante sobre as chamas do fogo que aguardavam aqueles em débito espiritual com Deus.

A Igreja teve dois motivos principais para elaborar a doutrina das indulgências. O primeiro foi o desejo do Papa Júlio II (1443-1513) de construir a atual basílica de São Pedro em Roma; para isso, teve que vender indulgências a fim de levantar a verba necessária. O segundo motivo foi político.

14   A HISTÓRIA DOS EVANGÉLICOS PARA QUEM TEM PRESSA

Antes de existirem os atuais países, o território central da Europa era ocupado por um conjunto de reinados chamado Sacro Império Romano-Germânico. E existia um colégio eleitoral para a escolha do imperador desse território, que era formado por sete príncipes chamados *príncipes eleitores*: o arcebispo de Mogúncia, o arcebispo de Tréveros, o arcebispo de Colônia, o duque da Boêmia, o príncipe da Saxônia, o marquês de Brandemburgo e o conde palatino do Reno.

Carlos I da Espanha (1500-58), da família Habsburgo, era candidato a imperador do Império Germânico, e seu concorrente, Joaquim Hohenzollern (1484-1535), marquês de Brandemburgo, pertencia à família rival. Durante a campanha eleitoral, um dos sete cargos que votavam na escolha do imperador, o arcebispado de Mogúncia, estava vago. Joaquim viu nisso a oportunidade de conquistar mais um voto na eleição, fortalecendo os Hohenzollern, e então indicou seu irmão mais novo, Alberto, para o cargo. Como Alberto não tinha idade para ser bispo (nem padre ele era), Joaquim propôs subornar o Papa Leão X, que cobrou 29 mil florins renanos de ouro pela indicação. Alberto, então, pegou emprestados 7 mil com a casa bancária dos Fugger para dar como entrada e comprometeu-se a levantar o restante por meio da venda de indulgências depois que assumisse o cargo. Com isso, Alberto tornou-se arcebispo de Mogúncia, e todo o dinheiro que entrasse com as indulgências seria dividido entre o pagamento do empréstimo e o pagamento das parcelas restantes do suborno.

Tudo isso, entretanto, não serviu para eleger um Hohenzollern, pois, em 28 de junho de 1519, ocorreu a eleição na cidade de Frankfurt, e Carlos de Habsburgo foi eleito imperador do Império Germânico. O então bispo de Mogúncia, Alberto, derrotado, teve que pagar a dívida contraída e, por conta disso, contratou Johann Tetzel para vender indulgências a fim de obter o dinheiro necessário.

O monge Martinho Lutero (1483-1546), contemporâneo desse período, preocupava-se demais com a santidade da sua vida e com o destino que a sua alma teria depois da morte física. Flagelava-se em

CAPÍTULO UM: O INÍCIO DO MOVIMENTO EVANGÉLICO

busca de encontrar paz de espírito, e então foi procurar respostas na leitura da Bíblia, o livro sagrado do Cristianismo. Durante a leitura, sentiu-se confortado em sua angústia quando leu o livro bíblico de Romanos, no Novo Testamento. A partir dessa leitura, ele entendeu que a salvação da alma era mérito de Deus, ou seja, era por *graça* (do latim, *gratia*, que significa *favor*), e não pelo que a pessoa fazia ou deixava de fazer, as *ações*, como haviam dito alguns Pais da Igreja. Ao ler passagens do Novo Testamento, como Efésios 2:8-9, "pela graça sois salvos", Lutero percebeu que a venda de indulgências não tinha base bíblica.

Professor de Bíblia na Universidade de Wittenberg, ele fez o que era muito comum entre os professores daquela época: escreveu 95 teses para serem debatidas. O objetivo era provar que o papa estava errado ao permitir a venda de indulgências. Na verdade, chegou a ter a ingenuidade de achar que o papa, em Roma, não sabia que Alberto e Tetzel estavam fazendo tamanha aberração no norte do Império Germânico. Lutero, inicialmente, não tinha pretensão alguma de formar uma nova Igreja. Como monge e professor de Teologia, convocou o debate apenas para corrigir os equívocos. Queria divulgar a descoberta que fizera da salvação somente pela graça e, a partir daí, elaborar uma nova doutrina bíblica para a então Igreja Católica.

Inicialmente o papa não deu importância ao movimento. Pensava tratar-se de mais um revoltado, como tantos que haviam surgido ao longo da chamada *Idade Média*. O papa designou o já cardeal Alberto para responder as teses de Lutero. O movimento, porém, não foi abafado. Lutero ganhou vários seguidores e o movimento cresceu. Quando o papa tomou conhecimento da real dimensão do que estava acontecendo, já era tarde demais. Os príncipes do Império Germânico estavam cansados da interferência do papa, que era estrangeiro, nos negócios do seu reino e, por isso, passaram a apoiar e proteger Lutero.

Quando a gente fala de Império Germânico, o termo *príncipe* não é aquele a que estamos acostumados, isto é, o filho de um rei. É que o Império Germânico era dividido em pequenos reinos e cada reino, governado por um nobre que recebia o título de príncipe, mas nada tinha a ver com possuir parentesco com o imperador. Guardadas as devidas proporções, mas só para ficar bem didático, era como se o Império Germânico fosse um país e os reinos, os estados. O presidente era o imperador e os governadores, os príncipes. E eram os príncipes que votavam para escolher o imperador.

Quando Lutero percebeu que não teria mesmo como convencer o papa a consertar a doutrina da Igreja Católica, ele não teve outro jeito senão romper e, a partir daí, começar outra Igreja. Teve início, assim, a *Igreja Luterana*. Podemos dizer que o seu início formal foi em 1530, quando Filipe Melâncton (1497-1560), colega e amigo de Lutero, escreveu um documento, a *Confissão de Augsburgo*, que sistematizava toda a doutrina luterana da época para tentar convencer o imperador do Sacro Império, Carlos V, a permitir o Luteranismo. Não deu certo. Os luteranos só foram permitidos em 1555, ao ser decretada a *Paz de Augsburgo*, em que o imperador foi praticamente obrigado a aceitar que cada reino escolhesse a religião que quisesse adotar. Voltaremos a esses eventos nos próximos capítulos. Nesta parte, o importante é entender que a Reforma Protestante, por essa razão, foi um evento ocorrido entre 1517 e 1555. Ela vai do momento em que Lutero divulgou suas 95 teses na cidade de Wittenberg, até aquele em que o Luteranismo se consolidou como religião aceita no Império Germânico. É muito comum, quando se estuda a Reforma Protestante, partir de Lutero e depois estudar os demais movimentos. Seguiremos também este caminho.

Depois de Lutero, vários líderes de outras localidades passaram a se rebelar contra o domínio papal e a Igreja Católica, e realizaram inúmeras reformas em suas cidades. Por isso, eis a primeira e principal chave para se estudar a Reforma Protestante: *não houve uma única Reforma Protestante, mas uma pluralidade de reformas simultâneas.* Isso aconteceu porque cada grupo passou a fazer a sua própria interpretação da Bíblia, como ainda é hoje em dia.

CAPÍTULO UM: O INÍCIO DO MOVIMENTO EVANGÉLICO

Assim, todo esse movimento se dividiu em duas grandes correntes: A *Reforma Magisterial* e a denominada *Reforma Radical*. Cada uma, por sua vez, se subdividiu em três subgrupos. Do lado *Magisterial*: os *luteranos*, seguidores de Martinho Lutero; os *reformados*, seguidores de Zwínglio (1484-1531) em Zurique, Calvino (1509-64) em Genebra, e Knox (1514-72) na Escócia; e os *anglicanos*, quando o Rei Henrique VIII (1491-1547) formou a Igreja nacional na Inglaterra. Do lado *Radical*: os *racionalistas*, seguidores de Karlstadt (1486-1541); os *espiritualistas*, seguidores de Thomas Müntzer (1489-1525); e os *anabatistas*, seguidores de Conrad Grebel (1498-1526) e Félix Manz (1498-1527). Cada grupo defendia um ponto de vista teológico sobre diversos assuntos em pauta naquele momento e discordava entre si por vários motivos.

O conceito de *Reforma Protestante* foi criado em 1694 pelo historiador alemão Veit Ludwig von Seckendorff para explicar que, no século 16, teve início um Cristianismo não romano que modificou substancialmente a teologia até então predominante. Este novo Cristianismo recebeu o nome de *Protestantismo* porque os príncipes que seguiram Lutero protestaram contra a decisão da *Dieta de Espira* em 1529, que proibia a aceitação do Luteranismo. Portanto, ao contrário do que muitos pensam, o termo *protestante* não se dá porque Lutero protestou contra o papa, mas porque os príncipes dos reinos que adotaram as doutrinas luteranas protestaram contra a proibição pelo imperador do Império Germânico. É muito comum nas religiões que os nomes surjam a partir de apelidos pejorativos dados pelos inimigos que acabam "colando".

É preciso lembrar que o próprio Lutero e os demais reformadores não utilizaram tal conceito, afinal não tinham consciência de que tais ações dividiriam, de fato, o Cristianismo nos anos posteriores. Assim, partir do pressuposto de que os agentes históricos do século 16 tinham consciência de estarem promovendo uma reforma religiosa, como o conceito ficou conhecido depois do século 17, é incorrer em anacronismo. O equívoco se dá quando o estudioso projeta o conhecimento que possui na motivação daqueles que viveram no passado e não tinham todas as informações. Ou seja, os fundadores de novas religiões, no momento em que agem, não fazem ideia do que acontecerá. No século 16, cada reformador em sua região de influência não desejava, inicialmente, criar uma nova igreja, e sim consertar o que julgava equívocos da Igreja Católica. Os rompimentos definitivos surgiram mais por não aceitação política das novas ideias pelo papado e pelo império do que pelas divergências teológicas em si.

Em 1839, o historiador alemão Leolpold von Ranke, por sua vez, popularizou o conceito de *Contrarreforma* para definir a reação da Igreja Católica. Desde então, a historiografia protestante preferiu usar o termo *Contrarreforma* para se referir à ação da Igreja Católica focando nos movimentos contrários aos reformadores, inclusive com tentativa de detê-los, enquanto a historiografia católica preferiu usar o termo *Reforma Católica* para mostrar que a origem do termo estava no próprio Catolicismo, e o desejo de renovação da Igreja e início de algumas ações nesse sentido já existiam antes mesmo de Lutero.

Como este livro é um estudo introdutório, indicaremos caminhos para quem desejar se aprofundar no tema. Conforme apresentado na Introdução, o estudo histórico é composto de fontes e historiografia, ou seja, os livros escritos pelos historiadores sobre o tema. Dessa forma, apresentaremos uma breve análise crítica dos principais livros e fontes para se estudar a Reforma Protestante. Por questão de acessibilidade, focaremos nas obras disponíveis em língua portuguesa. Caso não seja de seu interesse aprofundar-se em tal estudo, sugerimos que vá direto para o terceiro capítulo.

A HISTORIOGRAFIA DA REFORMA PROTESTANTE

Obviamente, nem todos os livros de História são iguais. Há várias divisões. Em primeiro lugar, a divisão entre os livros de história da Igreja – que focam no aspecto mais teológico e, muitas vezes, partem

CAPÍTULO UM: O INÍCIO DO MOVIMENTO EVANGÉLICO 19

do pressuposto espiritual –, e os livros acadêmicos de História – que seguem uma metodologia científica e partem de um pressuposto exclusivamente material. Enquanto os primeiros são, na sua grande maioria, escritos por teólogos, os segundos são escritos por historiadores. E, quase sempre, os livros que partem de um pressuposto espiritual e são escritos por teólogos são coleções sobre toda a história da Igreja, e a Reforma Protestante acaba sendo um volume específico da coleção. É o caso, por exemplo, do autor Justo González, que escreveu uma coleção de dez volumes intitulada *E até os confins da Terra: Uma história ilustrada do Cristianismo*. A Reforma Protestante aparece no capítulo 6, *A era dos reformadores*. Ou a coleção *História da Igreja*, escrita por Martin Dreher, em que a Reforma Protestante é abordada no volume 3, *A crise e a renovação da Igreja no período da Reforma*.

Outra divisão é a dos livros de História denominados marxistas, porque seguem a teoria do sociólogo alemão Karl Marx (1818-83), para quem a História é sempre um conflito de classes e os aspectos econômicos determinam os aspectos culturais. Neste caso, temos *As guerras camponesas na Alemanha*, de Friedrich Engels. Ao longo do século 19, os historiadores escreviam livros que descreviam eventos, focando quase sempre na política e nos governantes. Como reação, surgiu uma nova forma de fazer História, chamada *Escola dos Annales*, que passou a privilegiar os aspectos culturais. O principal exemplo dessa escola – sobre a Reforma Protestante – é o livro do historiador francês Jean Delumeau, *Nascimento e afirmação da Reforma*.

Outros três que merecem destaque para quem quer se aprofundar: *A Europa durante a Reforma*, de G.R. Elton, *As Reformas na Europa*, de Carter Lindberg, e *A ética protestante e o "espírito" do capitalismo*, de Max Weber. Por fim, uma última maneira de se estudar a Reforma Protestante é lendo biografias de seus personagens. Nesse caso, merecem destaques dois grandes clássicos: *Martinho Lutero, um destino*, de Lucien Febvre, e *Thomas Müntzer, teólogo da Revolução*, de Ernst Bloch.

A melhor forma de se estudar autodidaticamente a Reforma Protestante é ler, sob uma ótica crítica, o maior número possível de livros das diferentes correntes, para se comparar as informações contidas neles. Um curso, entretanto, tem a vantagem de um professor especialista dar orientação sobre os pontos positivos e negativos de cada obra.

As Fontes da Reforma Protestante

A História é feita por documentos, isto é, o testemunho que foi produzido na época passada que se quer estudar e que chegou até nós. Esse documento passa então a ser chamado fonte primária. Tudo que foi produzido pode servir de testemunho, desde um vaso de barro a um código de leis escritas. Para se estudar a Reforma Protestante, existe uma enorme diversidade de fontes que estão disponíveis em língua portuguesa. A vantagem de se ler uma fonte é que se tem contato direto com o que foi dito na época, e não o que alguém posterior a ela está dizendo a respeito. Por isso, caso queira aprender mais sobre a Reforma Protestante, consultando diretamente as fontes, sugerirmos alguns caminhos.

Partindo de Martinho Lutero, seus escritos foram reunidos em alemão numa gigantesca coleção que ficou conhecida como *Edição de Weimar*. Parte dessa coleção foi traduzida para o português pela Igreja Luterana e disponibilizada numa coleção intitulada *Obras selecionadas*. Esta coleção é a melhor forma de acessar o texto de Lutero, pois ela disponibiliza um criterioso aparato crítico e informações sobre o texto original. Calvino também escreveu bastante, e ele mesmo reuniu sua obra em quatro volumes, que intitulou *A instituição da religião cristã*, ou, simplesmente, *Institutas*. Ela foi traduzida para o português pela Cultura Cristã, editora da Igreja Presbiteriana.

Por fim, recomendamos também a obra *Escritos seletos de Martinho Lutero, Tomás Müntzer e João Calvino*, organizada pelo professor Luis Alberto De Boni. A vantagem dessa obra é que você pode encontrar

CAPÍTULO UM: O INÍCIO DO MOVIMENTO EVANGÉLICO

os textos de Müntzer, líder da ala radical espiritualista da Reforma, traduzidos para o português. Com base nessas indicações, recomendamos que, se quiser conhecer melhor o debate do século 16, vá direto às fontes. Se dominar as respectivas línguas dos originais, melhor ainda.

OS ANTECEDENTES HISTÓRICOS DA REFORMA PROTESTANTE

Antes de continuar, precisamos voltar um pouco no tempo para entendermos como chegamos à Reforma Protestante.

A Igreja Primitiva foi severamente perseguida pelo Império Romano, e muitos cristãos morreram nos dois primeiros séculos da história da Igreja. A Igreja Primitiva é aquela que teve início com os primeiros cristãos, conforme narrado no livro bíblico de Atos. Os eventos a seguir constituem a continuidade daquela história, depois que o livro de Atos termina. Por dois séculos, portanto, fazer parte da comunidade de cristãos significava correr riscos e ser perseguido. A situação mudou quando Constantino (272-337) tornou-se imperador no ano 306 e converteu-se ao Cristianismo em 312, depois de ter tido um sonho na véspera de uma importante batalha. Três ações suas foram fundamentais para definir o que mais tarde se tornaria a Igreja Católica. A primeira foi a promulgação do *Édito de Milão* em 313, colocando fim às perseguições aos cristãos. A segunda foi a convocação do *Concílio de Niceia* em 325, que deu origem ao primeiro credo doutrinário. A terceira foi transformar antigos templos pagãos em templos cristãos. A Igreja institucionalizou-se. Começou uma época chamada *Patrística*, que contempla o período entre os séculos 4 e 6.

A Patrística refere-se temporalmente ao período dos Pais da Igreja, padres teólogos que receberam este nome por terem sistematizado toda a base doutrinária que apoia os católicos e boa parte dos protestantes até hoje. Como dissemos, um deles foi São Jerônimo, que traduziu a Bíblia para o latim, chamando sua versão de *Vulgata*. Também surgiram ordens eclesiásticas que originaram os mosteiros.

São Bento de Núrsia (480-547), por exemplo, criou uma regra muito importante que até hoje é a base dos beneditinos. Devemos destacar outro valioso líder, Gregório Magno (540-604), papa do período, que foi autor dos *sete pecados capitais* e do estilo de música conhecido como *canto gregoriano*.

Depois da Patrística foi a vez da *Escolástica*, método aristotélico de ensino praticado nas então criadas universidades. Também foi a época das batalhas chamadas *Cruzadas*, para tentar tirar Jerusalém das mãos dos muçulmanos. Alguns eventos do período, no entanto, merecem maior destaque. Um deles foi o cisma que aconteceu no século 11, de onde surgiu a Igreja Ortodoxa. Nessa época, já haviam ocorrido tantas mudanças, que a Igreja Católica estava corrompida do ponto de vista espiritual. Por isso, muitos movimentos questionadores começaram a surgir a partir do século 12.

Um importante inconformado daquela época foi São Francisco de Assis (1181-1226), que criou a Ordem dos Frades Menores, conhecidos como *franciscanos*. Um de seus objetivos foi resgatar a pureza do Evangelho contra os luxos da Igreja. Outros reformadores, ao contrário de São Francisco de Assis, questionaram a autoridade papal e recusaram-se a obedecê-lo. Por isso, foram chamados *heréticos*. As duas principais heresias da época foram as seitas dos *cátaros* e a dos *valdenses*, esta última fundada por Pedro Valdo (1140-1218). Para combatê--las, a Igreja Católica criou a *Inquisição*, processo judicial que ficou famoso por condenar seus réus à fogueira. A insatisfação da população em geral cresceu consideravelmente nos séculos 14 e 15, preparando o terreno para a *Reforma Protestante* do século 16.

No século 14, por exemplo, surgiu a pregação de John Wycliffe (1328-84), professor da universidade de Oxford. Ele defendia que a Bíblia deveria ser disponibilizada para todos, e que ela, e não o papa, deveria ter autoridade sobre os cristãos. Wycliffe treinou alguns evangelistas para decorarem passagens bíblicas inteiras e saírem pregando pela Inglaterra. Esses viajantes eram os *lolardos*.

Já no século 15, surgiu Jan Huss (1369-1415), teólogo e professor da Universidade de Praga. Além de ideias semelhantes às pregações de Wycliffe, ele denunciava, entre outros problemas, a corrupção dos padres. Por causa disso, Wycliffe e Huss foram considerados heréticos. Muitos inconformados morreram ao longo de vários séculos, mas, ainda que seus corpos fossem calados, suas ideias permaneciam vivas e preparavam o terreno para o surgimento de Martinho Lutero, que, no século 16, causaria um cisma definitivo que permitiu o surgimento do que hoje chamamos *evangélicos*.

Quando estudamos História, tendo como pressuposto as ações materiais dos homens, analisamos basicamente quatro aspectos de um evento: o social, o político, o cultural e o econômico. A partir desses pontos, olhamos o que causou o evento, analisamos o desenvolvimento do mesmo e depois as consequências para esses mesmos quatro pontos. Essa é uma maneira de estudar História, mas não a única nem a melhor. Por isso, veremos quais foram as causas sociais, políticas, culturais e econômicas que fizeram a religião cristã ficar dividida em diferentes denominações a partir de 1517. Nesta análise, não seguimos a ordem cronológica. Às vezes avançamos, outras vezes recuamos, para o leitor ter uma visão ampla dos acontecimentos que, em grande parte, eram simultâneos. Se você fichar essas informações em um caderno, poderá compreender melhor. Como veremos no final, isso ajudará a fazer reflexões sobre os dias atuais. Em síntese, os evangélicos são fruto da Reforma Protestante.

Aspectos Sociais

O principal fenômeno que permitiu acontecer a Reforma Protestante no século 16 foi a urbanização. Se durante a Idade Média as pessoas viviam no campo e trabalhavam principalmente na agricultura, a partir do século 12 elas passaram a morar em cidades. Isto porque, depois das Cruzadas, os europeus redescobriram o comércio e o uso de dinheiro, que facilitava as trocas ao invés de ter que ficar carregando um produto de um lugar para o outro. Essa urbanização foi intensificada a partir do século 14. Com ela vieram as possibilidades de ascensão social que até então não existiam. Assim, as cidades passaram a oferecer novas possibilidades que atraíram muitos moradores. Entretanto, nem todos esses novos moradores foram beneficiados, claro, gerando, no século 16, um número enorme de marginalizados urbanos. Ainda assim, a urbanização proporcionou uma drástica mudança na economia, quando a base agrária começou a ser substituída pelo comércio e pela economia monetária.

Além da urbanização e do desenvolvimento do comércio, a Europa do século 16 se recuperava da crise causada pela fome e pela escassez nos séculos anteriores. Como veremos adiante, não só a Reforma Protestante, mas também muitos movimentos religiosos surgiram em momentos de mudança e crise, quando a sociedade buscava respostas para os problemas que estava enfrentando e, individualmente, as pessoas buscavam sobreviver em meio à situação de pobreza.

Além da fome, a Europa também vinha sendo severamente afetada pelas pestes. Interessante que os problemas que a afligiam estavam relacionados às mudanças. Isto é, a mudança com a passagem da população para as cidades fez com que a concentração urbana difundisse as doenças de forma mais rápida e eficaz. Apesar de terem sido mais intensas no século 14, as pestes não deixaram de ser um perigo real no século 16, durante as Reformas. O problema maior, que tem ligação direta com a Reforma Protestante, era que, uma vez morando em cidades, as pessoas passaram a fazer questionamentos que a Igreja Católica não dava mais conta de atender. Voltaremos a este ponto nos aspectos culturais.

Aspectos Políticos

Como se não bastassem os problemas causados pela fome e pelas doenças, para agravar ainda mais a dura realidade vieram as guerras. Em 1453, 64 anos antes da explosão da Reforma de Lutero, terminava

CAPÍTULO UM: O INÍCIO DO MOVIMENTO EVANGÉLICO

a Guerra dos Cem Anos (1337-1453), travada entre as monarquias francesa e inglesa. Junto com as guerras entre as coroas, havia também as revoltas de camponeses marginalizados e explorados pelos príncipes. Ambas não deixavam de estar interligadas. As guerras entre as coroas aumentavam as despesas. Com maiores despesas, os camponeses eram sobrecarregados com taxas de impostos mais elevadas, o que, por sua vez, contribuía para o descontentamento e a insatisfação.

O século 16 foi a época de ouro da Espanha, quando o reino dos Habsburgo ficou conhecido como "o império sobre o qual o sol nunca se põe", uma vez que também abarcou as colônias americanas. Em 1492, às vésperas do século 16, a Espanha conquistou Granada (depois de 450 anos de guerra contra os mouros) e iniciou a expansão marítima. Isso aumentou o prestígio do império, que revitalizou a Inquisição com a ideologia de eliminação de judeus, mouros e heréticos. Carlos (V na Alemanha e I na Espanha) não teve problemas para cumprir o papel de guardião da Igreja na Espanha. A Igreja Romana, afinada com a nobreza daquela região, solidificou-se na Península Ibérica. Essa solidificação, porém, não aconteceu no Império Germânico, que, no mesmo período e com 15 milhões de habitantes, era uma confederação frágil, posto que a ideia de príncipes eleitores para escolherem um imperador não resolvera os conflitos entre ele e os príncipes dos reinos.

Por isso, quando o espanhol Carlos V se tornou imperador do Sacro Império Romano-Germânico, ele se viu imerso em vários conflitos político-religiosos daquela região, que eram contemporâneos aos movimentos reformistas. Os vários conflitos exigiam que constantemente se convocassem as dietas imperiais. A *dieta imperial* era uma reunião constituída por três grupos de participantes. O primeiro era formado pelos sete príncipes eleitores. O segundo, pelos demais nobres, que não eram eleitores. Por fim, o terceiro grupo era formado pelos representantes das cidades imperiais. Ela se reunia quando ia eleger o imperador do Sacro Império ou quando era convocada pelo próprio, quase sempre por motivos militares ou financeiros. Também debatiam leis para todo o império, que eram executadas (ou não) pelos governantes locais. Muitas vezes, as reuniões das dietas contribuíam para demonstrar a fraqueza política do imperador Carlos V no território germânico. Afinal, os nobres locais não eram entusiásticos com a ideia de um imperador espanhol, portanto, estrangeiro, tendo domínio sobre eles.

O caso da Suíça, onde os anabatistas começaram, e onde houve a ação de Zwínglio e Calvino, era um pouco diferente. A Confederação Suíça, como era conhecida, havia obtido, na Paz de Basileia, em 1499, uma maior autonomia do Sacro Império, quando comparada com os demais territórios. Ela era, por sua vez, dividida em cantões, espécies de pequenas províncias, com autonomia administrativa centrada numa cidade governada por um conselho de membros da elite, inclusive aqueles que recentemente haviam enriquecido com o crescimento do comércio e da mineração. Esse era o caso de Zurique, Schleitheim, St. Gallen, Basileia e Genebra à época da Reforma Protestante. Já a Áustria fora anexada pelos Habsburgo ao Império Germânico no século 15 e, no 16, vivia sob a ameaça de invasão pelos muçulmanos. A atual região da República Tcheca era dividida em três pequenos reinos – Morávia, Boêmia e Silésia – submetidos aos Habsburgo. Em 1521, Carlos V cedeu ao seu irmão, o rei Fernando I de Habsburgo, as regiões da Áustria, Boêmia, Hungria, Morávia, Tirol, Estíria, Caríntia, Silésia e Carniola. Em 1555, com a morte de Carlos V, Fernando I tornou-se o imperador do Sacro Império Romano-Germânico, apesar de já conduzi-lo nas eventuais ausências do irmão.

Carlos V, portanto, com pouco poder político, tinha como desafios: um império dividido, cujos poderes locais desafiavam-lhe a autoridade; um cisma na Cristandade, subdividido em várias correntes competindo entre si; um conflito de disputa de poder com o papa; um conflito com os reinos inimigos, França e Inglaterra; e uma ameaça de invasão muçulmana na fronteira sudeste. Esses conflitos políticos também levaram o clero a envolver-se em

CAPÍTULO UM: O INÍCIO DO MOVIMENTO EVANGÉLICO

intrigas, causando descontentamento da população em geral com tal situação. Nesse sentido, a proposta ideológica luterana era apoiar a nobreza local, ou o poder temporal, desde que este escolhesse o Luteranismo, no lugar da Igreja Romana. Diferente era a proposta anabatista, que desejava a separação total, sem interferência política nos assuntos eclesiásticos.

Aspectos Econômicos

A sociedade medieval era, basicamente, dividida em três ordens: o clero, os guerreiros e os camponeses, economicamente baseados, sobretudo, no setor primário. O setor primário foi, majoritariamente, explorado por meio do *domínio*, que era dividido entre a parte do proprietário, a *villa* (que viria a se transformar no *senhorio*), e a parte trabalhada pelos camponeses, o *manso*. Os camponeses, por sua vez, deveriam trabalhar na parte do senhor um determinado período no ano. O comércio e o artesanato não foram predominantes, até mesmo porque, na primeira parte da Idade Média, as cidades ocuparam um lugar secundário na organização geográfica. A partir do século 12, porém, com o reflorescimento do comércio e a monetarização da economia, sobretudo na Itália e no Império Germânico, a burguesia começou, pouco a pouco, a ganhar seu espaço naquela sociedade, além do surgimento de algumas atividades, como a produção têxtil.

A situação da monetarização da economia no período está ligada também a outros dois fatores: o surgimento da mineração e o surgimento dos banqueiros. No primeiro, a exploração de metais preciosos possibilitou a cunhagem de moedas. Inicialmente existiam diversas moedas em circulação. À medida que o poder político foi se centralizando em torno do rei, a moeda passou a ser padronizada em territórios maiores. No segundo, diante da diversidade de moedas em circulação, alguns comerciantes passaram a se dedicar ao câmbio e, por isso, ficaram conhecidos como banqueiros, já que as diversas moedas disponíveis para troca ficavam expostas em bancas. Aos poucos, os então denominados banqueiros ampliaram seu leque de atuação, guardando o dinheiro para seus clientes, fazendo empréstimos e levando valores de uma cidade para outra. Para incentivar as pessoas a confiarem seu dinheiro a eles, devolviam a quantia depositada com juros. Em troca, com dinheiro na mão, podiam emprestar, também com juros. Ou seja, a gênese dos bancos modernos. A mineração, principalmente a extração de prata, floresceu mais na região da Saxônia, justamente onde Lutero liderou a Reforma. Inclusive foi a mineração que proporcionou uma melhoria de vida ao seu pai e permitiu custear seus estudos. Em Augsburgo, os Fugger, judeus, tornaram-se os maiores banqueiros do Império Germânico, concorrendo com os Médici, da Itália.

Aspectos Culturais

Como religião organizada formalmente, a Igreja Católica foi a única instituição que permaneceu sólida com o fim do Império Romano e, então, tornou-se necessário definir uma autoridade que, no início, ficou sobre os bispos herdeiros da tradição dos apóstolos. Esses bispos, como já citamos, passaram a ser conhecidos como Pais da Igreja. Com as ameaças das heresias, eles começaram a se reunir, e essas reuniões deliberativas sobre assuntos de fé eram chamadas *concílios*. Sua regularidade contribuiu paulatinamente para a supremacia do bispo de Roma, que, em 756, recebeu as terras das mãos de Pepino, o Breve, dando início formal à Igreja como instituição, inclusive política, liderada pelo bispo de Roma, o papa. Com isso, estreitaram-se as relações entre o *poder secular* (dos reis) e o *poder espiritual* (do papa), pois os clérigos participavam do conselho real, os bispos tinham poderes temporais e os cânones da Igreja Romana ganhavam força de lei sobre todos os habitantes do território, independentemente da religião que confessassem. Estava, assim, formada a Cristandade, isto é, a estreita relação entre a política e a religião cristã predominante nos territórios da Europa medieval. A Igreja, no contexto da Cristandade, ampliou

CAPÍTULO UM: O INÍCIO DO MOVIMENTO EVANGÉLICO

cada vez mais a sua extensão política, culminando, no século 13, na reunião de condições para o inquestionável exercício do poder papal sobre toda a comunidade cristã da Europa, tendo na pessoa de Inocêncio III (1198 a 1216) o momento de maior poder papal.

Com a definição do poder papal e imperial, os chamados *poderes universalistas* (imperador secular e papa) viveram o período denominado *Idade Média*, disputando entre si quem deveria se subordinar a quem. Porém, o envolvimento do clero com as questões temporais foi causando um descontentamento na população e se agravou até chegar ao auge nos períodos entre os séculos 14 e 16. Esse descontentamento popular recebeu da historiografia, no século 19, o conceito de *anticlericalismo* para designar o amplo leque de críticas da população europeia dirigidas contra a corrupção dos sacerdotes católicos. Esse anticlericalismo do século 16 não pode ser confundido com falta de interesse das pessoas pela religião. Isso só aconteceu após o Iluminismo, no século 18.

No final do século 13, o Papa Bonifácio VIII (1235-1303) proibiu os imperadores de cobrarem taxas das igrejas. Na França, em resposta, o Rei Filipe IV (1268-1314) baniu os coletores de impostos papais. Depois, prendeu um bispo, despertando protestos do papa. Por fim, prendeu o papa, demonstrando sua superioridade em relação ao poder espiritual. Mais à frente, o Papa Clemente V (1305 a 1314), que era francês, sentindo-se inseguro em Roma por causa das disputas entre as famílias nobres locais pelo poder local, e sentindo-se ameaçado pelo imperador do Império Germânico, decidiu mudar-se para Avignon em 1309, transferindo a sede da Santa Sé.

Isso fez com que a Igreja se tornasse indiretamente controlada pelos franceses. Dos 110 cardeais do período, 30 eram da França. Dos sete papas que reinaram em Avignon, todos eram franceses. Por causa dessa dependência política, os papas passaram a logicamente favorecer o reino francês. Inclusive, durante a Guerra dos Cem Anos, que acontecia nessa época, tomaram partido da França contra a Inglaterra. Esse período foi chamado "cativeiro babilônico da Igreja", em analogia ao cativeiro babilônico que os hebreus sofreram, conforme narrativa do Antigo Testamento.

Essa situação desgastou a imagem do papado e atingiu seu prestígio religioso e moral. Começaram, então, a aparecer os primeiros estudos críticos da Igreja. Um deles foi escrito por João Quidort (1255-1306). Em *Acerca do poder papal e real,* Quidort defendeu que o papa não tinha autoridade para depor reis. Outro autor do período foi Marsílio de Pádua (1275-1342). Na sua obra *O defensor da paz,* argumentou que o papado, por interferir na política secular, estava destruindo a paz mundial. A solução estaria em limitar o poder papal pelo povo, já que o papado não fora estabelecido por Deus. Então, o franciscano Guilherme de Ockham (1288-1347) concluiu que o Papa João XXII era um herege por causa da sua rejeição da teologia da pobreza, e sustentou a ideia de que nenhuma instituição eclesiástica, nem mesmo um concílio geral, poderia pretender definir com certeza a fé da Igreja. Segundo ele, a reivindicação de que a Igreja era infalível significava que a verdadeira fé sobreviveria em indivíduos diversos, mesmo quando papas e concílios errassem.

Além dos críticos internos, a Igreja se viu criticada também pelos pensadores externos. Exemplo disso foi o poeta italiano Dante Alighieri (1265-1321), que atacou o papa em *A divina comédia* e *Acerca da monarquia.* Nesta obra, defendeu que o papa deveria abandonar toda a autoridade e todas as posses temporais, e se submeter ao poder do imperador. Carter Lindberg chama a nossa atenção para o fato de que os críticos medievais não pretendiam abolir o papado, e sim reformá-lo e retornar a Igreja ao modelo da Igreja Primitiva.

O papado, por incrível que pareça, não se preocupou com essas críticas. Ao invés de respondê-las, intensificou seus mecanismos de controle burocrático e investiu na construção de palácios em Avignon. Os apelos aumentaram, e, em 1377, o Papa Gregório XI (1329-78) decidiu levar o papado de volta a Roma, morrendo logo em seguida. Os católicos, então, exigiram que o papado continuasse em Roma e que um italiano fosse eleito. Os cardeais escolheram Bartolomeo

CAPÍTULO UM: O INÍCIO DO MOVIMENTO EVANGÉLICO

Prignano, um napolitano que assumiu com o nome de Urbano VI (1318-89). Em seguida, os cardeais chegaram à conclusão de que tinham incorrido num erro e impugnaram o próprio processo eleitoral. Então, foram para Avignon e elegeram Clemente VII (1378 a 1394). Urbano não aceitou a nomeação de outro papa e excomungou Clemente, que fez o mesmo com Urbano. A situação ficou complicada, afinal, o mesmo colégio de cardeais havia eleito ambos. De 1378 a 1417, portanto, a Cristandade se viu dividida entre dois papas, sendo um em Avignon e outro em Roma, sem saber a qual dos dois deveria obedecer para garantir a salvação de sua alma. A Europa se dividiu: a França e a Península Ibérica seguiam Clemente VII, enquanto a Inglaterra e o Sacro Império Romano-Germânico seguiam Urbano VI.

Em junho de 1408, os dois colégios de cardeais (Avignon e Roma) decidiram se encontrar em Pisa (o concílio durou de março a julho de 1409, mas tanto Clemente como Urbano se recusaram a participar) e contaram com representantes de todas as regiões europeias. O concílio, então, anulou os dois papas e elegeu um novo, Alexandre V (1409 a 1410). Ambos, obviamente, não aceitaram a decisão do concílio, e a Cristandade se viu com três papas. Depois de Alexandre V, atuou em Pisa o Papa João XXIII (1410 a 1415).

O Sacro Império Romano-Germânico, então governado pelo Imperador Sigismundo (1368-1437), passou a seguir o novo papa de Pisa, mas não estava contente com a tríplice cisão. Então, o teólogo Dieterico de Niem (1340-1418) desenvolveu a tese de que, numa emergência como aquela, o imperador deveria seguir o exemplo de Constantino e convocar um concílio geral para unificar os cristãos. Sigismundo acatou essa ideia e, em 1414, convocou um concílio na cidade de Constança, que durou até 1417. Esse concílio vindicou o *conciliarismo*, ideia que já vinha sendo defendida não só por Niem, mas por vários outros teólogos de que o concílio reunido estava acima do papa. Configurou-se dessa forma um consenso de que os três papas deveriam renunciar e eleger algum com voto por reinos, e não por pessoas. Isso ajudou a fortalecer o sentimento de unidade local, que viria a desenvolver um nacionalismo contra a ideia de uma comunidade cristã universal, o *Corpus Christianus*, ou a Cristandade, sob a liderança do papado. Em 17 de novembro de 1417, o concílio elegeu o cardeal Odo Colonna como papa, eleito Martinho V (1369-1431) em honra ao santo do dia, São Martinho. Mesma data em que, quase um século depois, nasceria Martinho Lutero!

O Concílio de Constança, portanto, acabou com o cisma e condenou John Wycliffe (que já estava morto) e Jan Huss à fogueira. Além disso, o decreto *Haec Sancta* colocou a autoridade do concílio acima da autoridade do papa, sancionando a teoria conciliar como doutrina oficial da Igreja. E, para evitar eventuais retrocessos, decretou também que a promoção de concílios gerais deveria estar na agenda da Igreja para corrigir erros e excessos. Essa medida foi cancelada pelo Papa Pio II, com a bula *Execrabilis* (1460), que decretava que qualquer apelo a um concílio para colocá-lo acima do papa seria heresia. De toda forma, o que o Concílio de Constança ratificou foi a perda da soberania do papa sobre os povos. Desde então, o papa passou a conviver com os reis e o imperador, como mais um governo.

Essa postura do clero, portanto, em fins da Idade Média, contribuiu para gerar uma crise no imaginário popular, que passou a enxergar no papado uma corte em que o papa era um príncipe terreno como qualquer outro. Exemplo disso foi o último papa do século 15 e primeiro do século 16. Alexandre VI (1431-1503), papa entre 1492 e 1503, teve, pelo menos, oito filhos com suas amantes e serviu de modelo para Maquiavel (1469-1527) escrever *O Príncipe*, em 1513, além de ter sido denunciado pelo dominicano Jerônimo Savonarola (1452-98), que foi morto por encomenda do próprio papa. Sua filha, Lucrécia Bórgia (1480-1519) [o nome de batismo de Alexandre VI era Rodrigo Bórgia], casara-se por acordos políticos e realizava extravagantes festas no Vaticano. Um de seus maridos foi assassinado pelo seu irmão, César Bórgia (1475-1507), que já havia assassinado outro irmão dentre eles. Certa feita, quando estava ausente de Roma, Alexandre VI designou a filha para responder por ele no papado.

CAPÍTULO UM: O INÍCIO DO MOVIMENTO EVANGÉLICO

Depois de Alexandre VI subiu ao trono pontifício o Papa Júlio II (1443-1513), que foi papa de 1503 a 1513. Ficou conhecido por ser mecenas de Michelangelo (1475-1564) e Rafael (1483-1520), e por incentivar a reconstrução da atual basílica de São Pedro por meio da cobrança de indulgências. Rafael o pintou com uma armadura militar para representá-lo como o guerreiro que era, pois ele mesmo conduzia suas tropas no extermínio dos estrangeiros. Erasmo de Roterdã (1469-1536), humanista e colega de Lutero, criticou o Papa Júlio II por meio da sátira presente nas obras *O elogio da loucura* (1511), *A querela da paz* (1517) *e Julius Exclusus* (1517). Com a morte de Júlio II, a sucessão coube a Leão X (1513 a 1521), da família de banqueiros de Florença, os Médici e, depois, ao Papa Clemente VII (1523 a 1534). Entre eles houve o pontificado de Adriano VI (1459-1523), que durou apenas dois anos (1522 a 1523).

Ou seja, com a realidade da fome, da peste, das guerras e revoltas, a população estava convivendo diretamente com o medo e constantemente com a ameaça da morte. Tal situação despertava um grande sentimento de culpa nas pessoas, que acreditavam estar vivenciando castigos e punições divinos pelos seus pecados. Muitos entendiam que todos aqueles escândalos eram o fim dos tempos. Como veremos, sempre que a sociedade passa por uma crise surgem grupos cristãos anunciando serem sinais de que o fim dos tempos está próximo, como narrado no simbólico livro bíblico do Apocalipse, e que Jesus está voltando para realizar o Juízo Final. Ao estudo do fim do mundo se dá o nome de *escatologia*. Todas as denominações acreditam que, um dia, Jesus voltará para julgar o mundo, conforme narrado em Mateus 24. Porém, as nuances dessa volta variam de acordo com a interpretação que cada denominação faz dos textos escatológicos.

É necessário ressaltar, porém, que também ocorreram mudanças positivas no século 16. Aliás, é sempre assim na História – ideias brilhantes também surgem em momentos de profunda crise. Entre elas, destacamos, por exemplo, a invenção dos tipos móveis/máquina de impressão, por Gutenberg (1398-1468). Foi graças a ela que a Igreja

Católica não conseguiu sufocar o movimento reformista, pois quando Lutero, Zwínglio, Calvino ou mesmo os anabatistas escreviam algo questionando o poder do papa, era logo reproduzido e espalhado, ganhando apoio da população, que tomava conhecimento do assunto.

Todo esse contexto, relacionado com a religiosidade das pessoas, esclarece que um dos problemas surgidos era que, diante da realidade intensa da morte, a Igreja Católica já não conseguia mais manter o controle de outrora por não responder às novas questões levantadas. A atitude de Roma foi justamente o contrário do que o povo necessitava para se acalmar. Diante do medo da morte e, consequentemente, do Inferno, as pessoas – aquelas que tinham condições financeiras para tal – começaram a adquirir indulgências. A camada com menor condição financeira desesperava-se cada vez mais. Por isso, no final do século 15, além de não conseguir mais responder aos anseios da população, a Igreja Católica se encontrava imersa numa crise de credibilidade, pois seu clero estava desacreditado.

O Desenvolvimento

Em 31 de outubro de 1517, Martinho Lutero publicou 95 teses contra a venda de indulgências praticada pela então Igreja Católica. Sua argumentação era de que somente a Bíblia, e não o papa, tinha autoridade sobre o que era dever do cristão. Disso surgiu o lema da Reforma: *Solla Gratia, Solla Fide, Solla Scriptura*, isto é, "Somente a graça, somente a fé, somente as Escrituras". Imediatamente as 95 teses foram rebatidas pelo dominicano e teólogo papal Silvestre Mazzolini, conhecido por Priérias, em *Diálogo sobre as presunçosas teses de Martinho Lutero a respeito do poder do papa*, que acusou o reformador de herege, pois este desafiava o poder papal.

Em 7 de agosto de 1518, por causa dos escritos de Priérias, chegou em Wittenberg o documento que convocava Lutero a apresentar-se em Roma em 60 dias. Lutero escreveu a Frederico, príncipe do reino germânico da Saxônia, pedindo que ele intercedesse junto ao papa

CAPÍTULO UM: O INÍCIO DO MOVIMENTO EVANGÉLICO

para que a questão fosse resolvida na própria Alemanha, ou Império Germânico. Frederico apoiava Lutero, entre outros motivos, porque Lutero havia dado prestígio à menina de seus olhos, a Universidade de Wittenberg, e não queria perder seu mais brilhante professor. O Papa Leão X, por sua vez, não queria indispor-se com Frederico, afinal precisava da ajuda dos exércitos alemães para combater a ameaça muçulmana, cujo exército já estava na Europa. Então, o papa atendeu ao pedido de Frederico, e o caso foi transferido para a dieta que estava acontecendo em Augsburgo (não confundir esta com a de 1530, de onde surgiu o documento *Confissão de Augsburgo*), e para tal enviou o cardeal Caetano como seu representante. O Papa Leão X também enviou uma carta a Frederico, pedindo seu apoio na questão, e este, uma carta ao papa pela segurança de Lutero. O encontro entre Lutero e Caetano não resultou em acordo.

Na mesma época, Johann Maier von Eck, professor da Universidade de Ingolstadt, passou a atacar as teses de Lutero, assim como as de outro professor de Wittenberg, Andreas Bodenstein von Karlstadt, desafiando-o para um debate, que foi aceito, mas que também teve a participação de Lutero. O debate ocorreu em julho de 1519, na Universidade de Leipzig. Os juízes foram os professores das universidades de Paris e Erfurt, mas eles se negaram a emitir uma decisão sobre o vencedor. De qualquer forma, o debate serviu para Lutero sistematizar sua opinião, que seria o programa das propostas reformistas. E, justamente por insistir nas ideias de questionamento papal, foi excomungado por ser considerado herege.

Eck, depois do debate, foi para Roma e ajudou na formulação da bula papal, *Exsurge Domine*, de 15 de junho de 1520. Ela refutava 41 das 95 teses de Lutero, dando a este o prazo de 60 dias para se retratar. Uma *bula* era um documento papal que tinha validade de lei em todo território europeu. No dia 10 de dezembro de 1520, Lutero queimou publicamente a referida bula. Por isso, no dia 3 de janeiro de 1521, foi promulgada outra, a *Decet Romanum Pontificem*, de excomunhão definitiva de Lutero.

Neste meio tempo, Lutero publicou o *Manifesto à nobreza cristã da nação alemã* (1520), onde, depois de sistematizar algumas ideias no debate de Leipzig, propunha uma mudança social baseada em 27 proposições, entre elas a proposta de que o imperador não deveria submeter-se ao papa, além de reformas nas universidades e na assistência social das cidades.

Como o imperador do Império Germânico era o guardião da Cristandade e não queria indispor-se com o papa, o novo imperador, Carlos V, atendeu ao pedido do núncio papal Aleandro contra Lutero, convocando este para apresentar-se na dieta de Worms. Chegando lá, Lutero foi posto diante de exemplares de livros seus para se retratar. Sua resposta foi a recusa de negar seus escritos. Por isso, em 25 de maio de 1521, Carlos V promulgou o *Édito de Worms*. Era a resposta oficial do Império contra a proposta de Martinho Lutero de reformar a Cristandade. No documento, Carlos V proibiu os escritos de Lutero, que foi declarado inimigo do Estado. Por isso, o príncipe da Saxônia, Frederico, raptou Lutero quando ele voltava para Wittenberg e escondeu seu professor preferido no castelo de Wartburgo, de maio de 1521 a março de 1522. Enquanto esteve escondido, Lutero escreveu uma carta para seu amigo e professor de Wittenberg, Filipe Melâncton, que deu continuidade à movimentação luterana. Lutero também escreveu uma carta para o cardeal de Mainz, Alberto, reprovando a atitude dele de vender indulgências. Enquanto esteve preso no castelo, vivendo disfarçado como cavaleiro, Lutero produziu uma de suas mais brilhantes obras: a tradução do Novo Testamento, do grego para o alemão. Essa obra é referência até hoje, pois foi ela que padronizou a língua alemã.

Começam os Conflitos

Os luteranos tiveram seus conflitos, não só com os católicos, como também com os radicais. O primeiro foi com Andreas Karlstadt. Enquanto Lutero estava em Wartburgo, ele foi informado, por

CAPÍTULO UM: O INÍCIO DO MOVIMENTO EVANGÉLICO

Melâncton, que Karlstadt começara a pregar contra imagens e a incentivar seus seguidores a entrarem nas igrejas para derrubá-las (apesar de o senso comum considerar que foi Lutero quem aboliu o uso de imagens nos cultos, essa ideia foi de Karlstadt, pois Lutero era contrário, já que considerava tal atitude um radicalismo). Lutero também ficou sabendo que os discípulos de Thomas Müntzer pregavam que Deus falava direto com eles por meio de revelações, e que eles não precisavam das Escrituras. Inclusive, ficou sabendo de um grupo de três leigos de uma cidade chamada Zwickau, que se proclamavam profetas.

A missa era o elemento central da vida de um europeu medieval, e alterá-la teria uma enorme repercussão. Frederico não queria que Lutero alterasse nada e, em alguns casos, como no mosteiro agostiniano, preferiu-se suspender as missas a alterar sua forma. Karlstadt insistia na ideia de a ceia ser distribuída como pão e vinho (e não como hóstia) para todos, e pregava que não tomar ambos os elementos era pecado, o que Lutero considerava extremismo.

Outra questão que estava em pauta durante a reclusão de Lutero era o celibato do clero. Em 1520, Lutero já havia escrito que o papa não tinha poder para proibir o casamento dos sacerdotes, já que as Escrituras e a prática da Igreja Primitiva o recomendavam. A pregação de Lutero foi um alívio para muitos clérigos que mantinham relações escondidas. O problema é que o celibato religioso era não só uma imposição de Roma, mas também uma lei do Sacro Império Romano-Germânico. Por isso, quando alguns seguidores de Lutero decidiram levar sua pregação a sério e se casaram, incorreram no risco de prisão e até de morte. O cardeal Alberto chegou a pedir a Frederico que entregasse os sacerdotes que estavam se casando, coisa que o príncipe se recusou a fazer. Ao impedir a execução das sentenças do clero romano, os príncipes locais reafirmavam seu poder secular em seus territórios. Desafiar o poder do papa era uma forma de afirmar o poder local, o que garantia proteção dos príncipes para o desenvolvimento da teologia protestante.

Então, para ir além dos pronunciamentos e dar exemplo, Karlstadt resolveu se casar, e a cerimônia ocorreu em 19 de janeiro de 1522. O convite público para a cerimônia dizia que seu casamento serviria de exemplo para os demais. Ele enviou um convite ao príncipe, aos outros professores de Wittenberg, aos bispos das regiões romanas e ao conselho da cidade. Estava disposto a dar uma grande festa, e chegou a gastar 50 florins em salsichas e bebida. O príncipe não compareceu ao casamento, mas o objetivo foi alcançado e, pouco tempo depois, muitos padres também se casaram. Essa foi a relação mais próxima entre os debates teológicos e as ações práticas. Os matrimônios de clérigos era uma clara rejeição pública da estrutura eclesiástica de então. E eles contavam com amplo apoio popular.

Melâncton já não sabia mais o que fazer, e por isso Lutero resolveu voltar para Wittenberg, onde Carlos V estava concentrado na ameaça francesa, pois Francisco I havia se declarado seu inimigo e o imperador do Sacro Império ficara envolvido em guerras entre 1521 e 1525, ano em que Lutero se casou. Lutero conheceu Catarina von Bora (1499-1552) em 1523, quando ela chegou em Wittenberg, fugindo com outras freiras de um convento próximo, e se casaram em 13 de junho de 1525. Ficaram juntos 25 anos e tiveram seis filhos (dois morreram ainda na infância).

O segundo grande conflito que podemos enumerar foi o de Lutero com Thomas Müntzer. Em junho de 1524, teve início uma revolta camponesa na região da Floresta Negra. O movimento foi crescendo e ganhando força. Em dezembro do mesmo ano, ocorreram levantes também na Suábia. Em março de 1525, os camponeses escreveram e publicaram 12 artigos que reuniram as queixas das aldeias próximas a Baltringen e fomentaram a guerra dos camponeses em todo o território alemão entre abril e maio de 1525. Thomas Müntzer participou do levante na região de Mühlhausen. Sua participação incluiu vários pronunciamentos contra a ordem estabelecida, como um protesto e um sermão que foi pregado para dois duques da Saxônia, além de Müntzer também influenciar na composição dos 12 artigos dos camponeses.

CAPÍTULO UM: O INÍCIO DO MOVIMENTO EVANGÉLICO

Em algumas regiões onde ocorreram as revoltas, os camponeses foram completamente derrotados e acabaram se rendendo.

Por causa disso, em 24 de julho de 1524, Lutero escreveu a *Carta aos duques da Saxônia*. No documento, ele criticou a ação dos camponeses, as ideias de Müntzer, e chamou a atenção das autoridades sobre a responsabilidade delas de manterem a ordem social. Em setembro do mesmo ano, Müntzer se pronunciou com a sua *Resposta contra Lutero*. Lutero também escreveu *Exortação à paz* como resposta aos 12 artigos do campesinato da Suábia.

Enquanto Lutero protagonizava mudanças em Wittenberg, outro teólogo propunha mudanças na cidade de Zurique, na Suíça. Tratava-se de Ulrico Zwínglio. Em 1521, ele começou alguns estudos bíblicos com jovens da cidade, entre eles, Conrad Grebel, filho de um dos membros do conselho da cidade, Félix Manz e George Blaurock. Suas ideias eram muito próximas das de outro reformador suíço, Calvino, que ficaria mais famoso que Zwínglio ao publicar *As Institutas*, ou *A instituição da religião cristã*.

Em 1523, começou uma insatisfação da parte de Grebel, Manz e Blaurock com Zwínglio. O motivo principal foi a discordância deles acerca da forma correta de batizar. No dia 18 de dezembro de 1523, por exemplo, Grebel escreveu uma carta para seu cunhado e ex-professor, Joachim von Waltt, ou Vadianus, relatando o que ocorria em Zurique. Já em 8 de setembro de 1517, enquanto estudava em Viena, Grebel havia escrito uma carta para Zwínglio contando sobre Vadianus. Por tudo isso, em 1524, Grebel, Manz e Blaurock começaram um grupo de estudo bíblico em Zurique, na casa de Manz. O grupo contava com sete participantes e, sob a liderança de Grebel, escreveram cartas para Lutero, Müntzer, Karlstadt, entre outros, tentando convencê-los de suas novas ideias. As discordâncias foram se agravando, e, no dia 21 de janeiro de 1525, houve o rompimento público e definitivo. Grebel, Manz e Blaurock foram para a casa de Manz, onde realizaram um rebatismo. Por causa disso, foram expulsos da cidade. Teve início o *movimento anabatista*, o mais proeminente dos grupos da Reforma Radical. Foi um evento significativo, pois, pela primeira vez no contexto do século 16, um grupo deliberadamente rompeu com a Igreja estabelecida e deu início a uma comunidade autônoma. A recusa dos primeiros anabatistas em se submeterem à autoridade do conselho da cidade de Zurique foi a primeira separação entre Igreja e Estado.

O movimento anabatista pode ser metaforizado com o rio Reno, que corta a Europa de norte a sul. Suas nascentes se encontram na Suíça, e o rio flui através da Alemanha até a Holanda, onde se divide em vários afluentes até desembocar no mar. O movimento anabatista também teve o seu início na Suíça e, como o Reno, dividiu-se em diferentes ramificações enquanto passava pela Alemanha, até chegar à Holanda, onde finalmente se consolidou como menonitas e batistas, então se expandindo maritimamente. Voltaremos a este ponto. Por enquanto, é importante ressaltar a diferença dos movimentos. É comum encontrarmos textos que apresentam Müntzer e Karlstadt como anabatistas. No entanto, eram líderes de outros movimentos. Espiritualistas, racionalistas e anabatistas eram considerados a ala radical da Reforma Protestante, mas, mesmo assim, tratava-se de movimentos distintos.

A Expansão da Fé Luterana

Em 1523, a dieta de Nuremberg havia adotado uma política de tolerância para com os luteranos, apesar de o Édito de Worms, de 1521, continuar valendo. Carlos V tinha vencido a guerra e feito Francisco I seu prisioneiro, colocando-o em liberdade depois de um tratado de paz. Solto, Francisco I fez uma aliança com Clemente VII contra o Imperador Carlos V. Clemente VII pensava em contar com Francisco I para acabar com a heresia luterana e com a ameaça dos turcos estacionados na fronteira da Europa. Enquanto isso, Lutero, de volta a Wittenberg contra a vontade do príncipe Frederico, pregava sermões que, aos poucos, puseram a cidade em ordem.

CAPÍTULO UM: O INÍCIO DO MOVIMENTO EVANGÉLICO

Estava claro que aqueles acontecimentos não se limitavam à esfera religiosa, mas tinham tomado conotação social e política. A Reforma Protestante não foi somente um evento religioso, mas também um evento político e social. Por isso, não basta estudá-la numa perspectiva teológica.

Em 1526, por pressão dos príncipes locais, a primeira dieta de Espira recusou a execução do decreto de Worms e decidiu que cada principado poderia adotar a religião que quisesse, pois, em meio às guerras, Carlos V precisava do apoio de todos os príncipes do Império Germânico, apesar de nunca ter desistido de erradicar a heresia luterana para que, por meio da unificação da Cristandade, o Império também se mantivesse unido. Francisco I, porém, traiu a confiança de Carlos V e tentou uma nova investida com apoio papal. Por isso, em 1527, ocorreu o saque de Roma, e o Papa Clemente VII teve que fugir de Carlos V. A situação só se resolveu em 1529, ao se estabelecer a paz provisória entre Carlos V, Francisco I e o Papa Clemente VII.

Estabelecida a paz, Carlos V, então, convocou a segunda dieta de Espira, na esperança de finalmente executar o Édito de Worms. Nessa ocasião, os luteranos já eram bem numerosos, e, diante da recente proibição de se seguir a nova doutrina religiosa, houve o famoso protesto – de onde surgiu o termo *protestante*. Filipe de Hesse (1504-67), fervoroso protestante, convocou o Colóquio de Marburgo no mesmo ano para unir os reformadores de Wittenberg com os de Zurique, visando fortalecer uma frente protestante contra o imperador e os católicos.

Desde a sua eleição como imperador do Império Germânico até 1542, Carlos V raramente foi até o seu novo território. Ele delegou a administração ao irmão, o arquiduque Fernando da Áustria (1503-64), que o sucedeu como imperador em 1558. Essa ausência prolongada de Carlos V também contribuía para o fortalecimento dos príncipes locais. Sempre preocupado em guerrear contra a França e contra os muçulmanos, poucas eram as ocasiões para se ocupar dos luteranos, que ganhavam cada vez mais apoio daqueles que queriam seu território livre da estrangeira dominação romana.

Então, quando a Cristandade, representada na figura do Imperador Carlos V, finalmente pensou que estava unida para atentar para o problema do Luteranismo, o imperador muçulmano Solimão, do império Otomano, invadiu Viena, cidade de origem da família de Carlos V. Imediatamente Carlos V deixou a Espanha e voltou para o Sacro Império Romano-Germânico, a fim de controlar a situação. Vendo que a segunda dieta de Espira não tinha surtido efeito, pois os luteranos já eram muitos e haviam protestado contra a decisão de ressuscitar o Édito de Worms, e tendo ainda a questão dos muçulmanos para resolver, Carlos V convocou uma nova dieta para a cidade de Augsburgo, em 1530. Pela primeira vez, o imperador resolveu parar para considerar as ideias luteranas e pediu que fossem expostos os pontos principais. O príncipe João da Saxônia Eleitoral convocou os principais teólogos luteranos a apresentarem uma síntese. Filipe Melâncton elaborou, então, o documento conhecido como *Confissão de Augsburgo*. Quando chegaram ao local da Dieta (Lutero não podia ir porque estava proibido de viajar em território aliado à Igreja Romana), Melâncton descobriu que Eck já havia escrito 404 artigos condenando os luteranos como heréticos. Melâncton imediatamente começou a reelaborar o material, a fim de responder também a esse ataque.

A preocupação luterana era empenhar-se para conquistar o apoio do imperador e, para isso, minimizou conflitos políticos com o Império e realçou ser o Luteranismo contrário aos inimigos, daí a necessidade de distanciar-se dos anabatistas, mesmo que não estivesse claro quem eram eles. Enquanto Melâncton enfrentava seus opositores em Augsburgo, Lutero escrevia-lhe cartas de encorajamento. As assinaturas dos príncipes no documento deixavam claro o cunho político do debate. Assim, a *Confissão* foi lida em alemão para Carlos V em 25 de junho de 1530, numa leitura que levou mais de 2 horas. Após a leitura, Carlos V designou teólogos papais para examiná-la e refutá-la. Eck apresentou a *confutatio*, que foi lida no dia 3 de agosto.

CAPÍTULO UM: O INÍCIO DO MOVIMENTO EVANGÉLICO

O Imperador Carlos V posicionou-se ao lado da refutação de Eck e exigiu que os protestantes admitissem terem sido refutados, e deu um prazo para os luteranos se retratarem, sem que tivessem acesso a uma cópia do documento romano. Melâncton fez uma apologia da *Confissão*, às pressas, com base nas anotações, enquanto ouvia a leitura de Eck, mas Carlos V deu o assunto por encerrado, recusando-se a ouvir a apologia. A pregação luterana foi imediatamente proibida em Augsburgo.

Era um momento delicado para os protestantes, pois o Imperador Carlos V estava com o seu poder estabelecido e em paz com o Papa Clemente VII. Carlos V solicitou ao papa um concílio, mas este negou, temendo que ocorresse no Sacro Império o que estava ocorrendo na Inglaterra. Neste mesmo ano, como veremos, a Inglaterra rompia com Roma, criando sua Igreja nacional. No entanto, não era do interesse de Carlos V criar uma Igreja nacional alemã, pois ele era da Espanha. Clemente VII e Carlos V tinham interesses em comum no Império, estavam fortalecidos por causa da unidade, e, por isso, os governantes dos territórios protestantes se reuniram para tomar uma ação conjunta e criaram a *Liga de Esmalcalda*, cujo propósito era oferecer resistência armada, caso o imperador se decidisse contrário aos luteranos.

Carlos V se viu novamente obrigado a adiar a questão com os protestantes, porque, tanto o Imperador Francisco I da França, como os turcos, ameaçaram com novas guerras. Carlos V havia conseguido vencer uma batalha em Viena, mas agora os turcos queriam vingança e haviam chegado lá novamente. Por causa dessas duas ameaças, Carlos V precisava do apoio de todos os territórios do Sacro Império, e por isso, em 1532, foi firmada a *paz de Nuremberg*. Segundo esse novo acordo, era permitido aos protestantes continuarem com a sua fé, porém estariam proibidos de estendê-la a outros territórios. O Édito Imperial de Augsburgo seria suspenso e os protestantes ofereceriam ao imperador seu apoio contra os turcos, ao mesmo tempo que se comprometiam a não ir além da *Confissão de Augsburgo*. Essa paz durou até 1542, mas o Luteranismo continuou crescendo pelo Império Germânico e pela Europa.

Para se proteger da Liga de Esmalcalda, em 1539, Carlos V formou uma aliança com príncipes que continuavam aliados ao papa, que recebeu o nome de *Liga de Nuremberg*. Os príncipes aderiram a essa aliança com certa desconfiança, pois uma vitória de Carlos V contra os luteranos aumentaria seu poder, bem como aumentaria o poder dos Habsburgo e submeteria os principados à cidade de Viena. Em 1534, por exemplo, Filipe de Hesse invadiu o ducado de Wurtemberg (não confundir com Wittenberg) para tirá-lo dos Habsburgo e devolver ao duque anterior, Ulrico, que, juntamente com a população, se declarou luterano. O retorno de Ulrico significou um grande fortalecimento do partido luterano no Império, e justamente na região fronteiriça com os adeptos da *Confissão Tetrapolitana*.

Em 1531, Zwínglio, líder das reformas na região da Suíça, morreu na batalha de Kappel, e os reformadores que estavam aliados com Zurique perderam apoio político e militar. Se quisessem ficar contra o imperador, deveriam se unir aos luteranos, por intermédio da adesão à Liga de Esmalcalda. Assim, em 1536, os dois grupos, luteranos e zwinglianos, entraram em acordo contra os católicos, fortalecendo a resistência protestante.

Em 1539, Jorge, o duque da Saxônia Ducal (não confundir com a Saxônia Eleitoral, de Frederico), morreu. Havia permanecido católico durante todo o tempo, sendo sempre contrário a Lutero e aos luteranos, de forma geral. Seu sucessor foi o irmão, Henrique, que se declarou luterano e logo conduziu o território a abraçar a nova doutrina. O mesmo aconteceu com Brandemburgo. Em 1542, a Liga de Esmalcalda conquistou o território do duque Henrique de Brunswick, que era aliado do imperador. O Luteranismo, portanto, crescia em todo o território do Sacro Império Romano-Germânico, deixando Carlos V encurralado.

Mas nem tudo estava perfeito para os luteranos. Filipe de Hesse, chefe da Liga de Esmalcalda, era bígamo. Ele pediu conselho a

CAPÍTULO UM: O INÍCIO DO MOVIMENTO EVANGÉLICO

Lutero, que o orientou a manter esse assunto em segredo, pois a lei era contra tal prática. No entanto, o caso se tornou público e foi um escândalo que diminuiu consideravelmente o prestígio do Luteranismo. Além disso, a bigamia era passível de punição de morte, e Filipe passou a apoiar Carlos V para não sofrer as consequências da lei. Então, muitos membros da Liga de Esmalcalda a abandonaram, e ela ficou enfraquecida.

Para piorar, o novo duque da Saxônia, Maurício, descendente de Henrique, retornou à Igreja Romana e ao papa, tomando partido favorável ao imperador, que o subornara. Em 1546, Lutero faleceu, deixando o Luteranismo acéfalo, exatamente quando Carlos V estava em paz com a França e com o papa. O Luteranismo se viu desprestigiado, enfraquecido e sem o seu líder. Carlos V aproveitou-se da situação para finalmente colocar um fim na heresia, invadindo a Saxônia Eleitoral e aprisionando João Frederico, sucessor de Frederico, que protegia Lutero. Em abril de 1547, o imperador já havia alcançado a vitória, destruindo a Liga de Esmalcalda na batalha de Mühlberg.

Carlos V, então, em 1548, propôs o *Ínterim de Augsburgo*, composto por católicos e luteranos, e o que esse Ínterim promulgasse seria válido até que se convocasse um concílio geral para resolver as questões. O Concílio de Trento já havia começado em 1545, porém o Imperador Carlos V se opusera porque havia brigado novamente com o papa. Carlos V queria implantar no Sacro Império Romano-Germânico o mesmo que a sua avó Isabel havia feito na Espanha, isto é, reformar a Igreja, dando um fim ao abuso e à corrupção eclesiástica, mas mantendo as doutrinas e práticas tradicionais, como fez Elizabeth na Inglaterra. O papa não aceitava realizar um concílio, com medo de fazer ressurgir o movimento conciliarista e se repetir o evento do Concílio de Constança, até porque não era possível fazer um concílio no Império Germânico ao mesmo tempo em que já estava sendo realizado outro na Itália. O Ínterim era a única alternativa para o imperador ganhar tempo para, posteriormente, implantar essa política. No entanto, nem os católicos e nem os luteranos concordaram com o imperador legislando sobre as questões teológicas.

O Sacro Império Romano-Germânico continuava dividido entre luteranos e católicos, até que os príncipes luteranos, por iniciativa da cidade de Magdeburgo, começaram a conspirar contra Carlos V. Magdeburgo produziu a primeira justificação luterana de resistência religiosa à autoridade, que levou o nome de *Confissão de Magdeburgo*. O documento se baseava na fonte que estudamos e que Lutero escreveu para justificar a resistência. Foi esse documento, por exemplo, que inspirou o famoso pastor luterano Dietrich Bonhoeffer que, como veremos, no século 20, se envolveu na conspiração para assassinar Hitler, sendo descoberto e executado como mártir.

O duque da Saxônia, Maurício, que havia se colocado ao lado do imperador em troca de receber alguns benefícios, tomou a cidade de Magdeburgo em novembro de 1551. Como o imperador não cumpriu sua parte no trato, Maurício também se uniu à conspiração luterana, liderando a revolta. Um dos motivos dessa decisão deveu-se ao fato de o Imperador Carlos V querer revogar a Bula de Ouro, fazendo com que o novo imperador não fosse mais escolhido pelo colégio de príncipes eleitores, e sim que a sucessão do trono deveria ser hereditária, passando para o filho, Filipe. Os príncipes do império enviaram, então, um embaixador à França para obter apoio do rei francês à conspiração dos luteranos. Quando estourou a revolta, o Imperador Carlos V se viu encurralado. Seu irmão Fernando conseguiu negociar com os príncipes rebeldes o Tratado de Pasau, que libertava Filipe de Hesse e João Frederico, e garantia a liberdade para cada governante local escolher entre o Romanismo e o Luteranismo. Em 1555, Carlos V finalmente abdicou em favor do filho e se refugiou no mosteiro de Yuste, na Espanha, onde morreu em 1558.

O novo imperador, Fernando I, mostrou-se tolerante com o Luteranismo. Em 1555, decretou a *Paz de Augsburgo*, que garantia liberdade de culto para luteranos e católicos nos seus respectivos

CAPÍTULO UM: O INÍCIO DO MOVIMENTO EVANGÉLICO

territórios, mas não garantia a mesma liberdade para outras correntes, como zwinglianos e anabatistas. Sob seu governo e do seu sucessor, Maximiliano II, o Luteranismo continuou se expandindo no Sacro Império Romano-Germânico e no norte da Europa, culminando na guerra civil (1618-48) que ficou conhecida como *Guerra dos Trinta Anos*. Os luteranos não conseguiram reformar a Cristandade, mas sim dividi-la. Até hoje, a principal separação que se conhece entre os cristãos ocidentais é entre católicos e protestantes.

Guerras civis por causa de religião também ocorreram em outros países da Europa, como França e Inglaterra, e foram responsáveis pelo desenvolvimento das ideias iluministas, que até hoje salvaguardam, na civilização ocidental, um Estado laico, fundamental para garantir a paz e evitar que cidadãos se matem por conflitos religiosos. Infelizmente, no caso brasileiro e estadunidense, muitos evangélicos ignoram isso, e continuam sonhando e insistindo que se programe um Estado cristão que imponha a obrigatoriedade desta religião a todos, usando a força estatal para compelir que sigam uma ética cristã. Caso isso aconteça, qual Cristianismo estará legitimado para determinar o comportamento? As guerras certamente recomeçariam.

Enquanto Isso, na Inglaterra...

Enquanto acontecia tudo isso no continente, outra Reforma tinha curso na Inglaterra. Para fortalecer a aliança com a Espanha contra a França, o Rei Henrique VII propôs o casamento de seu filho Artur, primogênito e herdeiro do trono, com a princesa Catarina de Aragão. Entretanto, apenas quatro meses depois, Artur faleceu, e os pais de Catarina propuseram o casamento dela com o novo herdeiro do trono e irmão de Artur, Henrique, que se tornaria Henrique VIII. O problema é que o direito canônico, com base numa interpretação equivocada de Levítico 20:21, proibia que alguém se casasse com a viúva de seu irmão, e, para a concretização de tal projeto, foi necessário obter uma dispensa papal.

A HISTÓRIA DOS EVANGÉLICOS PARA QUEM TEM PRESSA

Da união entre Henrique VIII e Catarina de Aragão esperava-se o nascimento de um novo herdeiro para o trono. O casamento, que de fato ocorreu – mesmo contra o direito canônico, mas com uma dispensa papal extraordinária –, foi caracterizado pela dificuldade de gerar um herdeiro para o trono de Henrique VIII. Dessa união, somente uma filha sobreviveu – Maria Tudor. Henrique VIII, então, pediu que o papa anulasse seu matrimônio com Catarina, que o tornaria livre para um novo casamento. Conceder tal dispensa para Henrique VIII era um problema para o Papa Clemente VII, não somente por ferir o direito canônico, mas porque Clemente VII dependia de favores e do apoio do Imperador Carlos V – sobrinho de Catarina de Aragão –, que, entre outros, lutava contra protestantes no Sacro Império. Henrique VIII não teve outra opção senão romper com o papa.

Em 1534, ocorreu o rompimento definitivo entre Henrique VIII e Roma, quando o rei inglês publicou o *Ato de Supremacia* aos 3 de novembro daquele ano. Nesse documento, ele não alterava a doutrina católico-romana, apenas rompia politicamente com Roma, dando ao imperador o título de chefe da Igreja da Inglaterra. O parlamento promulgou leis proibindo o pagamento das anuidades e de outras contribuições a Roma e declarou que o matrimônio de Henrique VIII com Catarina não era válido – consequentemente, Maria Tudor não era mais a herdeira do trono. Henrique VIII tornou-se a cabeça suprema da Igreja da Inglaterra e foi declarado traidor todo aquele que se atrevesse a dizer que o rei era cismático ou herege. Também a Igreja da Inglaterra confiscou todos os bens e imóveis da Igreja, que passaram a pertencer ao reino. Como reação, em 1536, Henrique VIII foi excomungado pelo papa.

O problema é que o senso comum tende a pensar que a Igreja Anglicana surgiu apenas porque o Rei Henrique VIII queria se casar novamente, o que não é verdade. Havia uma insatisfação dos ingleses em prestar contas ao papa em Roma. Um exemplo disso era o pagamento das *annate*, tributo que os ingleses pagavam a Roma e que, ironicamente, no século 14, era revertido à França para financiar a

CAPÍTULO UM: O INÍCIO DO MOVIMENTO EVANGÉLICO   49

guerra contra os próprios ingleses. Além disso, o Luteranismo se espalhou pela Inglaterra, graças à literatura clandestina proveniente da Alemanha, cujas ideias de Lutero eram traduzidas para o inglês sem levar o seu nome, e as pessoas acabavam lendo sem o preconceito de saber quem era o autor e passavam a concordar com aquela novidade, juntamente com a tradução da Bíblia para o inglês por William Tyndale. Até hoje, a Igreja Anglicana é subordinada ao rei/rainha da Inglaterra, e seu principal documento, oriundo do Ato de Supremacia, são os 39 artigos de religião.

O Legado da Reforma Protestante

A Reforma Protestante dividiu o Ocidente e teve inúmeras consequências importantes, tanto imediatas para aquele período, como a longo prazo, que impactam o nosso mundo até hoje. Ela trouxe transformações, não somente espirituais, mas também políticas, econômicas, culturais e sociais. Uma das mais importantes consequências se deu no campo econômico, já que a doutrina de Calvino acabou influenciando os estadunidenses a enriquecerem. Isso foi tema de pesquisa do sociólogo alemão Max Weber, e voltaremos ao assunto mais adiante. Também consequência imediata da Reforma Protestante foi a diversidade denominacional que surgiu, de que trataremos neste livro.

No aspecto teológico, a Reforma Protestante pouco alterou a liturgia de culto. Até hoje, quando se vai a um culto luterano, percebe-se que ele mantém mais semelhanças com a liturgia católica do que com uma liturgia pentecostal, por exemplo. Foi Thomas Müntzer quem primeiro passou a celebrar a missa na língua do povo – em alemão, e não mais em latim. Na prática imediata, a alteração maior foi permitir o casamento dos pastores e a abolição das imagens, ações pioneiras de Karlstadt. A Igreja Católica só passou a celebrar a missa na língua do país onde ela estava sendo celebrada após o Concílio Vaticano II, em 1962.

A HISTÓRIA DOS EVANGÉLICOS PARA QUEM TEM PRESSA

O legado mais importante da Reforma Protestante talvez tenha sido a separação entre Igreja e Estado. Costuma-se divulgar que era uma ideia luterana. Lutero, porém, nunca advogou pela separação entre poder secular e poder espiritual. Na verdade, ele defendia a permanência da ideia de Cristandade, ou seja, a união entre religião e política, mas pregava que os príncipes parassem de ouvir o papa e passassem a ouvi-lo. Quem pregou a separação foram os anabatistas. Inclusive, eles foram perseguidos por isso, já que era uma ideia inovadora para aquele momento. A ideia de separação entre Igreja e Estado, para o Ocidente, nasceu na Reforma Protestante do século 16, mas só foi concluída e efetivada após a Revolução Francesa, em 1789.

Lutero, apesar de não propor a separação de imediato entre as duas esferas, trabalhou para que o Estado assumisse a responsabilidade de proporcionar educação para todos os seus cidadãos e não deixar que somente a Igreja Católica a oferecesse para um grupo de privilegiados. Inclusive, foi após a Reforma Protestante que os pastores passaram a ter preparo teológico prévio. Antes, os padres mal eram alfabetizados. Os reformadores tinham uma preocupação de que todos os pastores estudassem com afinco a Bíblia para poder ensiná-la ao povo.

Antes da Reforma Protestante, os pobres não tinham nenhum tipo de assistência. Como a Igreja Católica pregava que dar esmolas era uma forma de expiar pecados, as pessoas em dificuldades eram vistas como uma espécie de mal necessário para que os ricos pudessem fazer caridade. Lutero e Calvino proibiram que pobres mendigassem nas cidades para que os ricos dessem esmolas e passaram a trabalhar para que o Estado assumisse um serviço social de amparo aos mais necessitados. Com tudo isso, vemos que a Reforma Protestante ajudou a formar o mundo, inclusive político, que conhecemos hoje e que nos parece tão natural. Um aspecto interessante ao se estudar História é descobrir que nada no mundo social é natural; se a sociedade funciona como a conhecemos é porque decisões do

CAPÍTULO UM: O INÍCIO DO MOVIMENTO EVANGÉLICO   51

passado a tornaram assim. E, se ela pode ser construída de um jeito, também pode ser de outro.

Antes de Lutero, Calvino, Zwínglio, entre outros, não existia a noção de individualidade. As pessoas não escolhiam a religião: quem nascia em território dominado pela Igreja Católica era automaticamente católico. Com a nova pregação da salvação pela graça como responsabilidade da própria pessoa, sem interferência de um sacerdote, mas estabelecendo uma relação entre ela e Deus, surgiu a individualidade. Junto com ela, e no século seguinte defendida pelos batistas, também a noção de liberdade individual. Ninguém, e nenhuma instituição, poderia obrigar as pessoas a seguirem uma religião. Tais noções foram levadas pelos protestantes ingleses para os Estados Unidos e ajudaram, inclusive, a formar a Constituição daquele país. Se hoje os Estados Unidos se orgulham de defender a liberdade e ser a nação mais democrática do mundo, isso se deve diretamente à influência protestante.

Mas a Igreja Católica, é claro, não assistiu passivamente a tudo isso. Ela reagiu. A chamada reação católica no século 16 é constantemente vista como uma *Contrarreforma*, como uma resposta à Reforma Protestante, deixando subentendido que, caso Lutero não houvesse existido, nada teria acontecido em Roma e na religião católica. Tal pensamento precisa ser revisto. É necessário compreender que, antes mesmo de Lutero, já havia dentro da igreja romana um desejo de mudança. Muitos historiadores, hoje em dia, preferem usar o termo *Reforma Católica*, e não Contrarreforma. Mas então, se já havia o desejo interno da Igreja Católica de renovação, por que aconteceu a cisão com os protestantes? Provavelmente porque os esforços de renovação foram insignificantes e tardios para evitar Lutero.

Um aprofundamento sobre o assunto pode ser lido nas obras de grandes expoentes da época, como Jerônimo Savonarola e Inácio de Loyola (1491-1556), este último, fundador da Ordem dos Jesuítas que, conjuntamente com as também recentes Ordem dos Capuchinhos (1525) e Ordem dos Teatinos (1524), tornaram-se expressões da chamada Contrarreforma, ainda que estas duas últimas ordens (também foram criadas outras cinco no período) tenham tido muito menos expressividade que a primeira. Em 27 de setembro de 1540, a nova ordem obteve aprovação papal e, em 22 de abril do ano seguinte, os primeiros jesuítas fizeram o quádruplo voto de pobreza, castidade, obediência a Deus e obediência ao papa.

A Ordem dos Jesuítas foi fundada durante o pontificado de Paulo IV (1555 a 1559) em meio ao Concílio de Trento, conhecido também pela publicação do *Índice de Livros Proibidos*, isto é, uma lista completa de obras heréticas proibidas universalmente em 1559. Em outras palavras, o bom católico estava proibido de ler esses livros, e na lista constavam todas as obras de todos os reformadores protestantes. Por essa razão, o Papa Paulo IV é conhecido como o papa da Contrarreforma. Ele tinha uma forte rigidez dogmática e muita determinação em eliminar o Protestantismo. Anos antes, em 1512, o Papa Júlio II (1503 a 1513) havia convocado o V Concílio de Latrão, para tentar reafirmar o poder papal. Sem sucesso, a esperança pontifical estava em convocar o XIX Concílio Geral da Igreja Católica, que ficaria conhecido como *Concílio de Trento* e seria convocado, em 1545, pelo Papa Paulo III.

O Concílio de Trento, ao encerrar a esperança de reconciliação entre protestantes e católicos, marcou o surgimento da Igreja Católica moderna. Foi, inclusive, no Concílio de Trento que, ao nome "Igreja", adicionaram-se os termos "Católica" e "Romana", como é conhecida até hoje. Considerado o mais importante Concílio Geral da história da Igreja Católica depois de Niceia (325), foi o último até o Concílio Vaticano I (1869-70). O Concílio Vaticano I, realizado 300 anos depois, pode ser compreendido como a conclusão do Concílio de Trento. Após ele, ocorreu o Concílio Vaticano II (1962-65), que revisitou e reviu alguns temas, promovendo uma abertura ao diálogo com os protestantes. O enorme intervalo em que o Concílio de Trento exerceu influência direta deixa inquestionáveis sua importância e sua relevância na história da Igreja.

CAPÍTULO UM: O INÍCIO DO MOVIMENTO EVANGÉLICO

O Concílio de Trento foi convocado em meio a grandes problemáticas, como a doutrina conciliarista, que perpassou as discussões medievais com a proposta de que a autoridade de um concílio geral era superior à autoridade de um papa. O conciliarismo foi definitivamente abolido com o Concílio de Trento. O próprio local, a cidade de Trento (norte da Itália), foi escolhido por questões políticas, pois correspondia às exigências políticas dos alemães, ao mesmo tempo que não ficava longe de Roma. Portanto, quando a Igreja Católica viu que não seria mais possível deter a Reforma Protestante, convocou um concílio geral para tomar medidas enérgicas contra os protestantes. Entre essas ações, a criação da Lista dos Livros Proibidos e a formação da Ordem dos Jesuítas. Estava, assim, selada, de uma vez por todas, a divisão entre católicos e evangélicos.

O interessante nesse ponto é que Espanha e Portugal permaneceram fiéis ao papa, e foi nesse mesmo período que conquistaram a América. Colombo encontrou o novo continente em 1492, e Cabral desembarcou em terras que seriam o Brasil em 1500. Portanto, a Reforma Protestante ocorria enquanto a Península Ibérica organizava expedições e administrava suas novas colônias. Por isso, mais que depressa, os jesuítas foram enviados para cá. Com a descoberta de nativos denominados *índios*, os padres deveriam catequizá-los, antes que os protestantes o fizessem. Destarte, o Brasil é predominantemente católico até hoje. O Catolicismo instalou-se em sua cultura e em sua estrutura desde o início. E não foi uma simples ação de imigrantes, mas praticamente uma campanha feroz. O Catolicismo, instalado no Brasil, foi o Catolicismo do Concílio de Trento. O Catolicismo da Contrarreforma. Ele já nasceu por aqui antiprotestante. E, quando os protestantes chegaram em definitivo, a partir do século 19 – três séculos depois –, implantaram um Protestantismo anticatólico, ora pois.

Enquanto a América Latina, toda ela colonizada por Portugal e Espanha, tornava-se católica, os países germânicos e anglo-saxônicos tornavam-se majoritariamente protestantes. Enquanto o Brasil, colonizado por Portugal, recebia o Catolicismo de Trento, os Estados Unidos, colonizado pelos ingleses, recebiam os puritanos. Dois séculos mais tarde, os missionários protestantes estadunidenses (e não europeus) desembarcariam em solo brasileiro para combater o Catolicismo tridentino (e não medieval). Houve, no século 19, um verdadeiro choque entre um Protestantismo puritano revisto e ampliado nos Estados Unidos com um Catolicismo herdeiro direto da denominada Contrarreforma Católica.

Em 1822, o Brasil deixou de ser colônia de Portugal. Ao proclamar independência, teve início o período monárquico, e, em 1824, o país recebeu a sua primeira Constituição. Ela estabelecia que houvesse uma religião oficial, o Catolicismo. Inclusive com o regime do padroado, isto é, os clérigos da Igreja Católica eram funcionários do Estado e deviam obediência ao imperador. Não havia liberdade de religião. Esta só veio com a Proclamação da República, em 1889. Mas, por pressão da Inglaterra, que tinha muitos imigrantes anglicanos no Brasil, o Protestantismo foi somente tolerado, e com a condição de não pregarem e nem possuírem prédios públicos. Daí surgiu a cultura, no Brasil, dos templos protestantes não serem construídos com torres, sinos e cruzes. É que eles não poderiam ser identificados.

Iniciamos este capítulo explicando que, do ponto de vista etimológico, *evangélico* significa *aquele que segue o Evangelho*, podendo ser aplicado a todos os cristãos. Porém, do ponto de vista histórico e social, evangélico refere-se ao movimento cristão que começou com a Reforma Protestante, em 31 de outubro de 1517. *Evangélico* foi o termo que, pouco a pouco, os próprios luteranos foram usando para si mesmos, para se diferenciarem dos católicos. Trezentos anos depois do início da Reforma Protestante, em 31 de outubro de 1817, o imperador alemão Frederico Guilherme III (1770-1840) tentou unificar o movimento em uma só igreja, e os seguidores da teologia oriunda da Reforma Protestante decidiram adotar o termo *evangé lico* para designá-los, ao invés de luterano, calvinista, reformado ou protestante. Estava consolidado o termo. Desse grupo vieram os imigrantes alemães para o Brasil, trazendo o termo que se consagrou. A partir de 1851, o Brasil estaria, para sempre, dividido entre católicos e evangélicos.

CAPÍTULO DOIS

NOVAS DOUTRINAS DIVIDEM O MOVIMENTO

Sempre costumo dizer que o primeiro passo para quem deseja estudar a história das religiões é entender que nenhuma religião é um grupo coeso e monolítico. Ainda que a religião tenha uma capacidade extraordinária de promover a coesão, sempre haverá subgrupos e divisões internas. Sempre haverá pessoas pensando diferente dentro de um mesmo segmento. Por isso, eu gosto de utilizar o exemplo do GPS ou de aplicativos de mapas.

Digamos que você esteja procurando um determinado endereço. Você pode colocar na busca do seu aplicativo o nome de uma cidade. Então, será direcionado para uma visão geral daquela determinada cidade no mapa. Em seguida, poderá dar um *zoom*, e logo aparecerão os nomes dos bairros. Por fim, você colocará mais *zoom*, e surgirão os nomes das ruas. E, caso coloque ainda mais *zoom*, dependendo do app que estiver utilizando, poderá enxergar casa por casa. O estudo das religiões é muito parecido.

O primeiro olhar levará você às grandes religiões do mundo: Cristianismo, Espiritismo, Islamismo, Catolicismo, Judaísmo, Budismo e Hinduísmo, por exemplo. Mas, ao dar um *zoom* sobre o Cristianismo, você perceberá que existem católicos, protestantes, ortodoxos e espíritas. Ao dar um *zoom* sobre os protestantes, perceberá que existem presbiterianos, batistas, adventistas, assembleianos e mais uma infinidade de denominações. Ao dar um *zoom* sobre os presbiterianos, descobrirá que existe a Igreja Presbiteriana do Brasil, a Igreja Presbiteriana Independente do Brasil, a Igreja Presbiteriana Conservadora do Brasil, a Igreja Presbiteriana Renovada do Brasil e a Igreja Presbiteriana Unida do Brasil. E, se der um *zoom* sobre a Igreja Presbiteriana do Brasil, perceberá que nem todos os grupos e lideranças dentro daquela denominação pensam da mesma forma.

Aliás, o que é *denominação*? Denominação é o termo utilizado para definir cada subgrupo ou segmento doutrinário entre os evangélicos. É um conjunto de igrejas ou congregações locais que podem ter o mesmo nome, que seguem a mesma doutrina e estrutura organizacional, e têm uma liderança que dirige tal grupo de igreja. Em geral, uma denominação evangélica também é uma pessoa jurídica. Assim, por exemplo, as diversas igrejas presbiterianas espalhadas pelo Brasil se unem e formam a Igreja Presbiteriana do Brasil, que é a denominação. Portanto, denominação pode ser também vista como o coletivo de igrejas de uma determinada doutrina. O termo existe para diferenciar os segmentos. Ou seja, de um lado se tem os evangélicos denominados *presbiterianos*, de outro se tem os evangélicos denominados *batistas*, e assim por diante.

QUADRO 1: OS PRINCIPAIS MOVIMENTOS EVANGÉLICOS E SUA RELAÇÃO UNS COM OS OUTROS

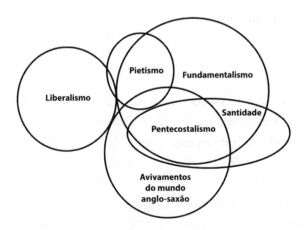

Diante disso, é muito importante saber que, para estudar uma determinada religião ou um segmento que passaremos a chamar *denominação*, é necessário consultar as fontes dos próprios grupos que você pretende estudar. Um equívoco bem comum é que muitas pessoas estudam uma determinada denominação lendo o que outra denominação concorrente escreveu sobre ela. O problema é que esse tipo de literatura sempre faz juízo de valor e a pessoa acaba formando uma opinião sobre o outro grupo de maneira preconceituosa.

Assim, neste livro, trouxemos uma visão panorâmica de todas as denominações, sem fazer juízo de valor sobre elas a partir de um determinado ponto de vista, e focamos exclusivamente em apresentar a história de cada uma e como essa história se desenvolveu em decorrência do que cada grupo acredita.

Dito isso, antes de entrarmos propriamente no nome das igrejas, principalmente no Brasil, precisamos conhecer diversos movimentos religiosos que influenciaram os evangélicos e que, por causa deles, surgiram diferentes igrejas ou denominações. Um movimento evangélico geralmente é um fenômeno que agrega seguidores em torno de uma novidade e acaba influenciando as denominações, quase sempre fazendo surgir novas denominações que destacam essa novidade. Os principais movimentos que já ocorreram na história dos evangélicos são: os puritanos, os pietistas, os liberais, os fundamentalistas, os pentecostais e os neopentecostais.

Os Puritanos

Como vimos, em 1534, na Inglaterra, o Rei Henrique VIII promulgou um documento chamado *Ato de Supremacia*. Com isso, os ingleses romperam definitivamente com a Igreja Católica. Começava a Igreja Anglicana. Porém, foi no reinado da sua filha, Elizabeth I (1558-1603), que a nova doutrina foi definitivamente estabelecida. O que ela fez? Nesse período, a Inglaterra estava dividida. Uma parte da população queria continuar católica, enquanto outra parte queria

CAPÍTULO DOIS: NOVAS DOUTRINAS DIVIDEM O MOVIMENTO

adotar as novas ideias da Reforma Protestante. Então, ela teve uma ideia brilhante! Fez com que a Igreja Anglicana ficasse "em cima do muro". Manteve a liturgia católica para que o povo, sobretudo os camponeses, que queria continuar católico, não visse diferença alguma quando fosse ao culto dominical. E adotou uma teologia protestante, para que a burguesia e outros membros da elite econômica ficassem satisfeitos com as mudanças. Com isso, Elizabeth I conseguiu agradar uma grande parte da população e estabilizar seu reinado.

O problema é que uma minoria ficou insatisfeita com a jogada da rainha. Essa minoria não queria uma igreja que ficasse em cima do muro. Então, deu-se início a um movimento que desejava *purificar* a Igreja Anglicana. Queriam que a Igreja da Inglaterra deixasse todas as práticas da Igreja Católica e ficasse totalmente "purificada". Por isso foram chamados *puritanos*. Nesse período, houve um grande conflito de interesses entre os puritanos e os reis que sucederam a Rainha Elizabeth I. Assim, muitos desses puritanos foram embora para a colônia da América, que viria a se constituir no atual Estados Unidos. Alguns permaneceram na Inglaterra e fizeram a Revolução Inglesa em 1688, que acabou com a monarquia absolutista e implantou o parlamentarismo vigente até hoje no Reino Unido. Os puritanos também são chamados *separatistas* ou *não conformistas*.

O grupo de puritanos era muito diversificado. Parte acreditava que a Igreja deveria adotar o Calvinismo como teologia e ser administrada por uma reunião de anciãos, o *presbitério*. Daí surgiu a *Igreja Presbiteriana*. Outra parte defendia que a Igreja deveria ser administrada por toda a congregação, mas defendia também que, ao nascer, as crianças teriam de ser batizadas. Daí surgiu a *Igreja Congregacional*. Um terceiro grupo acreditava que a Igreja deveria ser administrada por toda a congregação, mas que somente os adultos deveriam ser batizados. Surgiram, então, os *batistas*. Mas esse grupo ficou ainda mais dividido. Por um lado, aqueles que queriam uma teologia calvinista; estes foram chamados *batistas particulares* e formavam a maioria. Os demais não aceitavam a teologia de

Calvino e preferiam a teologia de Armínio; foram chamados *batistas gerais*.

A diferença entre os calvinistas (batistas particulares) e os arminianos (batistas gerais) baseava-se na doutrina da salvação. Para os calvinistas, antes da fundação do mundo, Deus havia escolhido um grupo de pessoas que seriam salvas. Essa doutrina se chama *doutrina da predestinação*. Por outro lado, para os arminianos, cada pessoa deveria escolher o caminho que quisesse seguir, isto é, tinham livre-arbítrio. Falaremos mais sobre isso no quarto capítulo.

Os puritanos davam muita ênfase à disciplina espiritual individual. Um dos puritanos mais famosos foi John Bunyan (1628-88). Ele era um pastor batista com pouca instrução e sofreu muita perseguição por causa de sua fé. Quando esteve preso, escreveu *O peregrino*, que se tornou best-seller. O livro foi traduzido para dezenas de idiomas ao redor do mundo por causa da sua importância espiritual e literária para os evangélicos. Outro destaque foi o pastor Roger Williams (1603-83). Também por causa da perseguição, fugiu para os Estados Unidos em 1631 e, em 1639, organizou a Primeira Igreja Batista em Providence, que se tornou a primeira igreja batista dos Estados Unidos. Hoje, as igrejas batistas estadunidenses somam aproximadamente 50 milhões de membros e concentram a maioria dos batistas do mundo.

Entre os puritanos, além de denominações famosas e conhecidas no Brasil, como batistas e presbiterianos, também estavam grupos que atualmente são conhecidos pela excentricidade, como os quakers, os amishes e os hutteritas. Esses três grupos, hoje em dia, são praticamente agrupados como *amishes*. É recorrente ver programas de curiosidades sobre eles, filmando as pessoas em carroças com roupas de época. Vivem, principalmente, no estado da Pensilvânia e não utilizam energia elétrica ou produtos tecnológicos. Muitas vezes são confundidos com os menonitas. Porém, apesar da origem comum – os anabatistas do século 16 –, os menonitas se comportam da mesma forma que as demais denominações puritanas (batistas e presbiterianos), sem excentricidades.

CAPÍTULO DOIS: NOVAS DOUTRINAS DIVIDEM O MOVIMENTO

Entre os puritanos também se destacou o pastor batista inglês Charles Haddon Spurgeon, nascido no dia 19 de junho de 1834. De 1848 a 1850, ele viveu um período de muitas dúvidas e amarguras. Ficou convicto de que não era um cristão de fato, mesmo tendo sido criado em todo o ambiente religioso de sua família e região, e sob forte influência puritana. Em janeiro de 1850, converteu-se e foi batizado pelo pastor batista da Igreja de Islehan, W.W. Cantolw, no rio Lark, em 3 de maio do mesmo ano, passando a ser aceito na congregação batista particular de Newmarket. Assim, Spurgeon tornou-se um batista calvinista.

Depois, Spurgeon começou a distribuir folhetos nas ruas e a ensinar a Bíblia na Escola Dominical às crianças. Em agosto, mudou-se para Cambridge, onde trabalhou também na escola dominical. Nesse mesmo ano, pregou seu primeiro sermão em Teversham. Em outubro de 1851, foi convidado a pregar na Igreja Batista de Waterbeach, ao norte de Cambridge. A congregação cresceu rapidamente. Em janeiro de 1852, Spurgeon aceitou o pastorado efetivo dessa capela. A fama de potente pregador logo cresceu na região. Em 1854, os membros da Igreja de New Park Street, sem pastor efetivo desde 1853, convidaram de novo o jovem a pregar e, nessa ocasião, pediram que fosse testado por seis meses até assumir o pastorado vago da Igreja. Porém, em abril de 1854, somente dois meses depois, foi eleito pastor e confirmado no cargo, o qual preencheu efetivamente até 1891.

Alguns o criticavam pelo estilo de pregação. Outros o consideravam muito teatral. Mesmo com toda oposição, a antes vazia e reduzida congregação atraiu a atenção de muitos. Nos anos que se seguiram, o templo, outrora despovoado, não suportava a audiência, que chegou a dez mil pessoas, somando a assistência de todos os cultos da semana. O número de pessoas era tão grande, que as ruas próximas à igreja se tornaram intransitáveis. Com o passar do tempo, Charles Haddon Spurgeon virou uma celebridade mundial. Recebia convites para pregar em outras cidades da Inglaterra, bem como em outros países. Até hoje é muito respeitado, e ficou conhecido como *o príncipe dos pregadores.* No tradicional bairro de Elephant & Castle, em Londres, é possível ver o Spurgeon Tabernacle, a igreja batista que pastoreou, como um ponto turístico.

O PIETISMO E OS GRANDES AVIVAMENTOS

A partir do século 17, após a Revolução Industrial, um fenômeno tomou conta do mundo anglo-saxão: diversas manifestações espirituais aconteciam entre determinados grupos evangélicos que ficaram conhecidos como *grandes despertamentos* ou *avivamentos*. Muitos pregadores inflamados falavam por horas diante de suas congregações e causavam enorme comoção, ao ponto de mudarem o pensamento de boa parte da população. Esses avivamentos influenciavam não só a vida cotidiana dos evangélicos, como também refletiam direta e objetivamente na sociedade, sobretudo nas questões sociais. O primeiro momento ocorreu entre os anos de 1730 e 1755. O segundo, entre 1790 e 1840.

O primeiro movimento teve início com um pregador puritano chamado Jonathan Edwards (1703-58). Ele era pastor de uma igreja congregacional em Massachusetts, na época em que os Estados Unidos ainda eram colônia da Inglaterra. Seu sermão mais famoso foi *Pecadores nas mãos de um Deus irado*, proferido em 8 de julho de 1741. Nesse dia, as pessoas que estavam na congregação foram tomadas de tamanho pavor por causa de seus pecados, que choravam, se jogavam no chão e lamentavam profundamente seus erros.

Enquanto Jonathan Edwards trabalhava nos Estados Unidos, outro pregador impactava auditórios na Inglaterra: George Whitefield (1714-70). Estudou na universidade de Oxford, e lá havia um grupo de anglicanos que se reunia periodicamente para buscar a Deus e estudar a Bíblia. Desse grupo participavam também John Wesley (1703-91) e seu irmão Charles (1707-88), que mais tarde, também como resultado do grande avivamento, fundaram a Igreja Metodista, ou o metodismo que, como veremos, também serviu de base para o surgimento de inúmeras denominações.

CAPÍTULO DOIS: NOVAS DOUTRINAS DIVIDEM O MOVIMENTO

A Igreja Anglicana, desde seu início no século 16, adotara o Calvinismo como base teológica. Como vimos, dela surgiram os *puritanos*, que eram majoritariamente calvinistas. No grupo que se reunia na universidade de Oxford, houve uma grande divisão. John Wesley repudiou o Calvinismo, passando a adotar o Arminianismo. A diferença é que, para os calvinistas, Deus escolheu de antemão quem iria para o Céu e quem iria para o Inferno. Assim, para os calvinistas, só iria até Cristo quem fora por Deus predestinado para tal. John Wesley adotou o conceito de livre-arbítrio. Ao contrário da doutrina da predestinação, os arminianos acreditavam que os próprios indivíduos escolhiam se queriam aceitar ou rejeitar a salvação. Voltaremos a esse assunto também no quarto capítulo.

Como já dissemos, uma característica importante de um avivamento é a sua aplicação nas questões sociais. Uma aplicação direta do movimento liderado por John Wesley, que deu origem aos metodistas, foi a luta pela libertação dos escravos e a criação de escolas filantrópicas para os proletários, que eram explorados no período da Revolução Industrial. Inicialmente, essas escolas eram regulares. Após a universalização do ensino, tornaram-se *Escolas Bíblicas Dominicais*, existentes até hoje. Outra característica é que o Protestantismo, até então predominantemente calvinista, passou a se tornar predominantemente arminiano, como é hoje.

Durante a ditadura militar no Brasil, até mesmo como resistência, as universidades foram muito influenciadas pela historiografia marxista, que explica os acontecimentos históricos pelo pressuposto econômico. Por isso, difundiu-se que a Inglaterra pressionou os países pelo fim da escravidão – entre eles o Brasil – por motivos puramente econômicos, pois precisava de mercado consumidor para seus produtos industrializados, o que seria melhor se os escravos recebessem salários. Essa explicação está ultrapassada hoje em dia e é considerada reducionista. Estudos recentes mostram que a motivação da Inglaterra em lutar contra a escravidão também foi religiosa. Os avivamentos, sobretudo o início do movimento metodista, declaradamente abolicionista, fizeram com que houvesse uma pressão humanitária contra a escravidão no mundo.

O segundo grande momento ocorreu entre 1790 e 1840, após o período da revolução e da independência dos Estados Unidos, em 1776. Seu principal representante foi o pastor presbiteriano Charles Finney (1792-1875), cujos imensos auditórios que o ouviam tinham reações semelhantes aos auditórios que ouviam Jonathan Edwards e George Whitefield, com o diferencial de que Finney pregava de improviso. Outra importante característica do segundo momento do grande despertamento foi a predominância dos pregadores batistas.

Enquanto esses avivamentos sacudiam os puritanos dos Estados Unidos, algo semelhante acontecia entre os luteranos que se concentravam não só nos países anglo-saxões, como Alemanha, Holanda e Dinamarca. Era o *Pietismo*. O movimento acentuou a individualização, a interiorização e a subjetividade da experiência religiosa na vida do fiel, desenvolvendo novas formas de devoção cristã – a piedade pessoal –, que provocaram transformações, tanto nas denominações, como na sociedade.

Ao acentuar o individualismo e a espiritualização da fé, o Pietismo procurou superar o Confessionalismo, isto é, aquela prática da Reforma Protestante de definir as crenças da religião por meio de documentos chamados *Confissão*. Para os pietistas, isso era uma fé fossilizada, sem ação prática. Assim como os metodistas criticavam a intelectualidade fria do Anglicanismo, em busca de uma fé mais emotiva que se manifestasse em ações práticas, os pietistas criticavam a frieza das igrejas luteranas, que também enfatizavam a intelectualidade em detrimento das experiências emocionais. Esses movimentos deram início à ideia de conversão provocada pelo Espírito Santo para o início de uma caminhada de santidade. Para ambos, avivalistas saxões, ou pietistas alemães, se a relação com Deus não culminasse numa vida santificada, a fé seria mera aparência.

Assim, como vimos, uma característica em comum de todos esses movimentos de tal período foi a ênfase que os pregadores deram na

CAPÍTULO DOIS: NOVAS DOUTRINAS DIVIDEM O MOVIMENTO

supremacia da experiência sobre a intelectualidade. Davam extrema importância, especialmente, à experiência de conversão. Para eles, somente tornavam-se membros das igrejas aqueles que podiam dar um testemunho público da sua conversão, chamado *profissão de fé*, e não mais se tornavam membros automaticamente por terem nascido em famílias ou sociedades cristãs.

O processo geralmente era assim: o pregador expunha a Bíblia para um grande auditório e, ao final, fazia um convite para que as pessoas se convertessem. Esse convite se chamava *apelo*. Geralmente as pessoas aceitavam o convite levantando as mãos. Depois, eram doutrinadas até o dia do batismo, precedido por uma pública confissão de fé. Bom, o que você acabou de ler não é uma coincidência. Inúmeras igrejas evangélicas têm essa mesma prática até hoje, e ela é uma influência dos grandes avivamentos desse período.

E não podemos esquecer que tudo isso está ligado ao predomínio da teologia arminiana entre os evangélicos. As igrejas de orientação calvinista – também chamadas *reformadas* – não fazem esse gesto, pois entendem que a salvação não é uma escolha individual, mas uma escolha prévia de Deus. E se Deus escolheu a pessoa para a salvação, ele mesmo se encarregará de trazê-la para a fé cristã. Contudo, em sua maioria, os pregadores evangélicos fazem apelo ao final do sermão porque creem que os indivíduos que compõem o auditório têm em suas mãos o poder de decisão de aceitar ou não a salvação de suas almas oferecida por Cristo. Essa ênfase numa experiência subjetiva de conversão como pré--requisito para se tornar membro de uma igreja evangélica, tal qual ainda é majoritariamente praticado no Brasil, bem como o predomínio de evangélicos arminianos (e não mais calvinistas) é fruto direto do grande avivamento anglo-saxão dos séculos 18 e 19.

Esse período do grande despertamento também coincide com o imperialismo europeu, ou neocolonialismo, em que países da Europa, sobretudo a Inglaterra, conquistaram colônias na África e na Ásia. É nesse mesmo período que a Índia se torna colônia da Inglaterra. Uma das maneiras de a Europa legitimar a dominação sobre os africanos e os asiáticos era justamente dizendo que iria brindá-los com a civilização e o Cristianismo. Justamente por isso começam a surgir as agências de envio de missionários para o mundo.

Um dos pioneiros foi um jovem inglês, aprendiz de sapateiro, William Carey (1761-1834). Seu pai era um tecelão que trabalhava em casa. Carey seguiu na profissão até os 28 anos. Converteu-se aos 18 e ingressou na Igreja Batista. Aos 19, casou-se com Dorothy, cunhada de seu patrão. Em 1785, recebeu o convite para ser pastor em tempo parcial (pois continuava trabalhando como sapateiro) numa pequena comunidade batista da Inglaterra. Mais tarde, foi chamado para pastorear uma igreja maior em Leicester, mas, mesmo assim, ainda precisava trabalhar secularmente para sustentar a família.

A igreja da qual fazia parte era uma igreja batista particular, isto é, calvinista. E os calvinistas, como vimos, creem na doutrina da predestinação. O Calvinismo acentuado, denominado Hipercalvinismo, acredita que não é preciso fazer missões, pois quem for predestinado a ser salvo se converterá por Providência Divina. Então, naquele contexto, as igrejas não viam necessidade de preparar e enviar missionários, e Carey ficava muito angustiado com isso. Foi para quebrar essa mentalidade que escreveu o tratado intitulado *Uma investigação sobre o dever dos cristãos de empregarem meios para a conversão dos pagãos*, em 1792. Tratava-se de uma exposição e análise do mundo de seus dias, que refletia a necessidade urgente da pregação do Evangelho às nações de todos os continentes. Nesse tratado, Carey também expõe argumentos lógicos e teológicos, apresentando-os como fundamentos para o envio de missionários aos pagãos, frisando especialmente que o Reino de Deus tem que ser proclamado a toda a Terra.

A força dos argumentos de Carey e o vigor do seu entusiasmo resultaram na formação da Sociedade Missionária Batista, organizada em setembro de 1792. Menos de um ano depois, em junho de 1793, ele e sua família partiram para a Índia como membros da referida sociedade. Carey chegou em Hooghly no dia 11 de novembro de 1793,

CAPÍTULO DOIS: NOVAS DOUTRINAS DIVIDEM O MOVIMENTO 67

marcando o início da grande era das missões além-mar, promovidas pela Inglaterra e os Estados Unidos.

O trabalho de Carey na Índia foi muito relevante. Considerado o pai das missões modernas, além da pregação do evangelho e tradução da Bíblia, lutou contra a queima de viúvas e o assassinato de crianças, que, com frequência, ocorriam naquela sociedade. Também instituiu uma igreja autóctone, com a Bíblia escrita na língua do povo, com uma liderança nativa e traços distintivos que não fossem importados da Europa. Mas, como dissemos, é preciso frisar que sua ação missionária ocorreu no período do imperialismo, em que os países europeus conquistaram política e economicamente vários países da Ásia e da África. Essa conquista, muitas vezes em busca de matéria-prima e mercado consumidor para sustentar a segunda fase da Revolução Industrial, não foi, em sua grande maioria, benéfica aos países dominados. À Igreja desse período faltou um posicionamento mais espiritual e crítico a esse respeito. Ela soube aproveitar o momento para expandir a fé, mas pecou em não defender as causas sociais dos que foram duramente oprimidos.

Enquanto a Europa colonizava a África e a Ásia, os Estados Unidos lançavam a Doutrina Monroe – tem esse nome porque foi anunciada pelo presidente James Monroe –, que pode ser resumida na frase "a América para os americanos". A ideia era justamente "proteger" o continente americano da colonização europeia. Logo, os países latino--americanos não seriam mais colonizados pelos europeus, mas pelos estadunidenses.

Além disso, desde a sua fundação, os Estados Unidos acreditam na doutrina do *Destino Manifesto*. Isto é, dada a colonização protestante, o imaginário coletivo acredita que eles foram escolhidos por Deus como povo eleito para pregar o Evangelho para o mundo. Assim como no Antigo Testamento – quando Deus escolhera Israel, livrando sua gente do cativeiro no Egito e atravessando o deserto para formar o povo eleito na terra de Canaã e servir de testemunho do Deus do Antigo Testamento ao mundo daquela época –, na modernidade Deus escolhera os puritanos, livrando-os da perseguição na Inglaterra ao atravessarem o Atlântico para formarem o povo eleito na América e, da mesma forma, servir de testemunho do Deus do Novo Testamento ao mundo de então. O Destino Manifesto foi um discurso que ajudou a legitimar a ação missionária dentro da Doutrina Monroe e evangelizar a América do Sul não só como projeto espiritual, mas também como parte de um projeto político. O projeto deu certo. Ao longo do século 20 chegaram mais e mais missionários, trazendo as mais diversas denominações evangélicas, como veremos, inculcando uma cultura estadunidense em países da América do Sul. E, como também veremos, um dos meios mais eficazes de inculcar essa cultura entre os brasileiros foi através da música.

Não por acaso, portanto, foi justamente nesse período que os primeiros missionários chegaram ao Brasil. Da mesma forma que era preciso que a Europa cristianizasse a África e a Ásia, era preciso que os Estados Unidos cristianizassem o Brasil e os demais países do nosso continente. Porém, enquanto os missionários europeus encontravam africanos e asiáticos que nunca tinham ouvido falar em Jesus e na Bíblia – e aí era, de fato, uma novidade –, por aqui os missionários tinham o seguinte problema: a população já era cristã/católica. Como fazer? A única maneira de conseguir penetrar nos países da América Latina seria, então, pregando contra o Catolicismo.

E foi por isso que os evangélicos brasileiros, frutos das missões vindas dos Estados Unidos, surgiram como uma espécie de antítese ao Catolicismo. "Os católicos são idólatras que equivocadamente acreditam na intercessão de Maria" virou o mote da pregação protestante. Essa antítese, por exemplo, não era observada entre os protestantes de imigração. Como vimos, na colonização portuguesa implantou-se o Catolicismo antiprotestante da Contrarreforma. E com os missionários estadunidenses implantou-se um protestantismo anticatólico. Somente a partir do século 21 essa rivalidade começou a ser relativizada no Brasil.

Os Liberais e os Fundamentalistas

A partir do século 18, predominou na Europa a corrente intelectual do Iluminismo. Trata-se de um pensamento profundo e complexo que, para fins didáticos, costuma ser reduzido ao fato de que tais filósofos defendiam uma explicação racional para os fenômenos naturais e sociais. Em termos bastante reduzidos, eles acreditavam que a razão iluminaria a humanidade, ao contrário da religião. Por isso, aspectos ligados à fé e à espiritualidade, como as religiões cristãs e a Bíblia, foram severamente atacadas, questionadas e criticadas pelos iluministas. O filósofo David Hume (1711-76), por exemplo, afirmava que milagre e harmonia da natureza eram excludentes: se existe harmonia, para que milagres? Para Hume, o conhecimento vinha da experiência empírica, e não de revelação. Era preciso experimentar, e não simplesmente acreditar.

O movimento liberal na Europa se deu em paralelo com o que o sociólogo Max Weber chamou de *processo de secularização*. Em linhas gerais, trata-se de um processo em que, com o advento da ciência moderna, a humanidade perderia, pouco a pouco, a tutela da religião sobre suas vidas. A razão do Iluminismo tinha certeza do progresso, da evolução, e entendia que a religião atrapalhava o ser humano. Por isso, naturalmente, no processo emancipatório e libertário da História, a religião desapareceria. Seria coisa de sociedades atrasadas. No máximo, algo de âmbito privado, mas sem influência política e social. A sociedade seria guiada exclusivamente pela ciência, capaz de trazer todas as respostas. Assim como a vacina poderia evitar doenças no mundo natural, a diplomacia poderia evitar as guerras no mundo social, por exemplo. Esse otimismo, na Europa, foi chamado *Belle Époque*, isto é, bela época em francês.

Diante disso, no século 19, teólogos europeus, principalmente na Alemanha, viram a necessidade de dialogar com os pensadores críticos e elaboraram uma teologia que ficou conhecida como *Teologia Liberal*. Para essa corrente de pensamento, o foco era a defesa da essência do Cristianismo diante das críticas que a ciência trazia. Ela procurava

70 A HISTÓRIA DOS EVANGÉLICOS PARA QUEM TEM PRESSA

demonstrar que, apesar de as críticas históricas serem válidas, em sua essência o Cristianismo não era contrário ao mundo moderno. Os teólogos liberais lançaram-se ao estudo do Novo Testamento para, por trás daquilo que a ciência moderna chamava de *inconsistência histórica*, mostrar – pois ela de fato existia – a verdadeira mensagem de Jesus. Um dos seus principais expoentes foi o teólogo alemão Friedrich Daniel Ernst Schleiermacher (1768-1834), que, em 1799, publicou o livro *Sobre religião*. Para ele, a teologia é o serviço com o qual a Igreja responde perguntas da época, e não uma coleção de dogmas eternos. Outro famoso expoente da teologia liberal foi o também alemão Rudolf Karl Bultmann (1884-1976).

Em outras palavras, ou em síntese introdutória, os expoentes da Teologia Liberal pregavam que era possível fazer uma interpretação racional da Bíblia. Nesse caso, as narrativas extraordinárias poderiam ser explicadas por meio da razão. Por exemplo: quando a Bíblia narra que Jesus multiplicou pães e peixes (Mateus 15:32-39), pode ter sido uma metáfora de que, quando o menino se apresentou com o que ele tinha, os demais se constrangeram e compartilharam a comida que tinham também, a ponto de ter sobrado. Uma das consequências da Teologia Liberal foi a doutrina universalista, que pregava que não haveria um castigo eterno para a humanidade, mas todos iriam para o Paraíso após a morte física. É importante destacar, porém, que nem todos os teólogos liberais pensavam da mesma forma.

Essa teologia influenciou, principalmente, os luteranos alemães. O mundo anglo-saxão, contudo, que experimentava os avivamentos, não aceitou tal postulado. Ao invés de dialogar com a modernidade, passou a enfrentá-la e desconstruí-la. Entre 1909 e 1915, um grupo de protestantes nos Estados Unidos publicou uma série de textos, sob o título *The Fundamentals – A Testimonium to the Truth* (em português, *Os fundamentos – um testemunho em favor da verdade*). Por causa desse título, seus adeptos ficaram conhecidos como fundamentalistas.

Os textos defendiam verdades absolutas e intocáveis que deveriam ficar imunes à ciência e à relativização das ciências. Temas como a

CAPÍTULO DOIS: NOVAS DOUTRINAS DIVIDEM O MOVIMENTO 71

sacralidade da Bíblia como livro divino perfeito, infalível e inerrante, e a divindade da pessoa de Jesus, que teria nascido de uma virgem e ressuscitado ao terceiro dia, ainda que não houvesse explicação racional para isso não poderiam ser negociados. A igreja evangélica negociar com a ciência moderna constituía um pecado intolerável. Tal apostasia, inclusive, indicava sinais dos tempos, mostrando o iminente retorno visível de Jesus à Terra.

Contra o otimismo iluminista que responderia tudo pela razão, os fundamentalistas buscavam – e ainda buscam – a recristianização do mundo ocidental. Os adeptos do movimento fundamentalista cristão estavam convictos de que a política deveria ser cristã. A sociedade perfeita seria alcançada, não por meio da ciência, mas quando todos se submetessem à verdade religiosa como está na Bíblia – e, é claro, interpretada à luz do dogma da sua própria denominação. Se o pressuposto científico contrariasse a fé, que se abandonasse a ciência e se permanecesse com a crença popular ou a opinião. Se a teoria da evolução de Charles Darwin contrariasse a narrativa de Gênesis, que Darwin não fosse ensinado nas escolas.

Isso também ocorreu no mundo islâmico. Muçulmanos passaram a pregar que era preciso islamizar novamente as sociedades onde a Europa havia infectado com a ciência e a modernidade. Assim como os evangélicos, os muçulmanos também são extremamente diversificados. Da mesma forma que ocorre no mundo cristão, ocorre no mundo muçulmano: qual verdade é a verdadeira verdade a ser ensinada?

Na origem, a palavra *fundamentalismo* não tinha conotação negativa, como passou a ter após sua utilização pela mídia, principalmente para se referir aos grupos terroristas islâmicos. O fato é que, tanto os termos *liberal*, como *fundamentalista*, são, hoje em dia, utilizados de maneira inflacionada. Chama-se *liberal* qualquer cristão que esteja aberto ao diálogo com as ciências, com as demais religiões (ecumenismo), ou disposto a relativizar alguns dogmas, como a condenação da homossexualidade. Alguns chegam, equivocadamente, a chamar de liberal o cristão que bebe cerveja ou faz uma tatuagem. Por outro lado, chama-se *fundamentalista* toda manifestação religiosa fanática e intolerante, sem conhecimento do seu significado histórico com os textos do início do século 20. Por isso, muita gente desconhece que o movimento surgiu no meio evangélico e credita seu início ao mundo muçulmano.

O fato é que a ciência iluminista (ou positivista) não deu conta de responder todas as perguntas. Ao contrário do benefício das vacinas em relação às doenças, a diplomacia não evitou as guerras, e o conhecimento científico aperfeiçoou armas que promoveram carnificinas nunca vistas, como as guerras mundiais (1914-18 e 1939-45) e a bomba atômica. A decepção com o inevitável progresso da humanidade pregado pelos otimistas da Belle Époque abriu espaço para o renascimento mais vigoroso do que nunca da religião. No mundo pós-moderno, sem uma autoridade inquestionável como a ciência para ditar os rumos da humanidade com segurança, o fundamentalismo ressurgiu como opção para dar significado às vidas humanas.

Depois de tudo isso, do movimento pietista, dos grandes avivamentos e do movimento fundamentalista, a experiência subjetiva e individual estava pronta para ser o determinante. A experiência da conversão passou a dar significado e orientação para a vida. Por causa da conversão, a biografia do convertido adquiriu contorno e segurança em meio ao mundo que Zygmunt Bauman (1925-2017) chama de *Líquido*. Enquanto tudo está fluido, a fé evangélica (e as outras religiões, como o Islã) dá forma e mostra o caminho a seguir.

O SURGIMENTO DO MOVIMENTO PENTECOSTAL

De tempos em tempos, o Cristianismo experimentou diversos fenômenos que ficaram conhecidos como *avivamentos* ou *despertamentos*. O mais significativo de todos, porém, foi o que aconteceu na rua Azuza, em Los Angeles, Estados Unidos, em 1906, apesar de alguns historiadores remontarem o início do movimento a 1901, na cidade de Topeka, Kansas. O surgimento do movimento pentecostal é um tema

CAPÍTULO DOIS: NOVAS DOUTRINAS DIVIDEM O MOVIMENTO

complexo e, como em tudo na História, não surgiu de um dia para o outro, mas foi um processo que começou no final do século 19, principalmente por meio do *Movimento de Santidade* – falaremos adiante sobre ele – e se consolidou no início do século 20.

Em 14 de abril de 1906, em um culto liderado pelo pastor William Joseph Seymour, filho de escravos, num prédio abandonado que tinha pertencido a uma Igreja Metodista, os participantes manifestaram diferentes comportamentos, com destaque para a *glossolalia* – falar em línguas estranhas – e a *xenolalia* – falar idiomas estrangeiros sem tê-los estudado. Havia também relatos de que as pessoas caíam em prantos, desmaiavam, gritavam...

A comunidade continuou ali por mais alguns anos com o nome de *Missão de Fé Apostólica* e foi considerada o início oficial do movimento pentecostal. O nome faz referência ao episódio narrado no livro de Atos, capítulo 2, chamado *Pentecostes*. Além de doutrinas fundamentais, como a crença em Jesus Cristo como Filho de Deus, aquela comunidade definiu alguns pontos que seriam a estrutura das igrejas pentecostais: falar em línguas estranhas como evidência do batismo no Espírito Santo foi um deles. Até hoje, uma igreja é considerada pentecostal se os seus membros passaram por essa experiência. O movimento se espalhou e chegou ao Brasil poucos anos depois pela Congregação Cristã no Brasil e pela Assembleia de Deus, como veremos à frente.

No Brasil, é comum classificar os evangélicos pentecostais em três ondas. A primeira experiência, consequência dos eventos da rua Azuza, como o surgimento da Congregação Cristã no Brasil e da Assembleia de Deus, ficou conhecida como *Pentecostalismo de primeira onda* ou *Pentecostalismo clássico*. A principal característica que a distinguia dos demais evangélicos era o fenômeno da glossolalia. Em 1951, o missionário Harold E. Williams fundou, no Brasil, a Igreja do Evangelho Quadrangular, dando início assim ao *Pentecostalismo de segunda onda*. A partir de então, além da glossolalia, outra característica que a distinguia das demais igrejas evangélicas era a ênfase no dom de curas.

Isto é, um dos dons espirituais era a cura de pessoas doentes por meio de milagres. A Igreja do Evangelho Quadrangular é a vertente brasileira da Foursquare Church. Falaremos a esse respeito mais adiante, no capítulo sobre as denominações no Brasil.

No dia 9 de julho de 1977, teve origem a Igreja Universal do Reino de Deus (IURD), pelo então pregador Edir Macedo. O surgimento da Universal marca o início do que ficou conhecido no Brasil como *Pentecostalismo de terceira onda* ou *Neopentecostalismo*. Ela acompanhava uma tendência internacional de, além das doutrinas anteriores, como a *glossolalia* e o *dom de curas*, pregar a *teologia da prosperidade*. Isto é, a promessa de que o cristão seria próspero. Além disso, os neopentecostais descobriram que o uso da televisão ajudaria na expansão de suas igrejas. Essa tendência era capitaneada por líderes dos Estados Unidos, como os pastores Mike Murdock e Benny Hinn, cujos livros começaram a ser traduzidos para o português a partir da década de 1980 e se tornaram a base doutrinária do Neopentecostalismo. Porém, como veremos, apesar do marco cronológico, classificar a IURD como neopentecostal é um equívoco.

Os Evangélicos Durante a Guerra Fria

Após a Segunda Guerra Mundial (1939-45), teve início a denominada *Guerra Fria* (1945-91), uma disputa indireta entre os Estados Unidos, representando o lado capitalista, e a União Soviética, representando o lado comunista. Uma das características da Guerra Fria foi a disputa ideológica entre as superpotências mundiais para influenciar os demais países. Nesse sentido, a religião teve um papel fundamental, no lado capitalista, de ajudar a combater o fantasma do comunismo. Não por acaso, os evangélicos dos Estados Unidos, tal qual os engenheiros da NASA, estavam em constante atualização. No Brasil, além do golpe militar, importar as novidades evangélicas dos Estados Unidos também era uma ajuda política muito bem-vinda na luta contra o regime cujos membros "comiam criancinhas".

CAPÍTULO DOIS: NOVAS DOUTRINAS DIVIDEM O MOVIMENTO 75

Ainda antes da Guerra Fria, durante a Segunda Guerra Mundial, teve destaque o pastor alemão luterano Dietrich Bonhoeffer (1906-45), que não podemos deixar de mencionar. Ele ficou conhecido por fazer parte da resistência alemã contra o nazismo. Foi preso em 1943 por ajudar refugiados de um campo de concentração. Também acabou se envolvendo na operação Abwehr, uma das muitas operações que tentavam frear Adolf Hitler, inclusive por meio do seu assassinato. Por isso foi enforcado em 9 de abril de 1945, pouco tempo antes da derrota alemã para as tropas soviéticas. Antes da militância, já era conhecido por vários livros que escrevera, além de trabalhos acadêmicos como doutor em Teologia. Em 1933, escreveu *A Igreja e a questão judaica*, argumentando que era papel da Igreja se opor ao nazismo. Como pastor, professor e escritor, foi severamente censurado e perseguido pela Gestapo (polícia secreta nazista).

Já durante a Guerra Fria, os evangélicos dos Estados Unidos conheceram a militância do pastor batista Martin Luther King Jr. (1929-68). Em 1955, Rosa Parks, uma mulher negra, se negou a ceder seu lugar no ônibus para uma mulher branca e acabou presa. Os líderes negros da cidade organizaram um boicote aos ônibus, para protestar contra a segregação racial em vigor no transporte público. Durante a campanha de um ano e dezesseis dias, coliderada por Martin Luther King, inúmeras ameaças foram feitas contra a sua vida. Ele foi preso e viu sua casa ser atacada. O boicote se encerrou com a decisão da Suprema Corte americana de tornar ilegal a discriminação racial em transporte público.

King era seguidor das ideias de desobediência civil não violenta, preconizadas por Mahatma Gandhi, e aplicava essas ideias nos protestos organizados pelo CLCS – Conferência da Liderança Cristã do Sul. King acertadamente previu que manifestações organizadas e não violentas contra o sistema de segregação predominante no sul dos Estados Unidos, atacadas de modo violento por autoridades racistas e com ampla cobertura da mídia, iriam fomentar uma opinião pública favorável ao cumprimento dos direitos civis e antirracista. Essa foi a ação fundamental que fez do debate acerca dos direitos civis o principal assunto político nos Estados Unidos, a partir do começo da década de 1960. King também organizou e liderou marchas, a fim de conseguir o direito ao voto, o fim da segregação, o fim das discriminações no trabalho e outros direitos civis básicos. A maior parte destes direitos foi, mais tarde, agregada à lei estadunidense com a aprovação da Lei de Direitos Civis (1964) e da Lei de Direitos Eleitorais (1965).

Em 14 de outubro de 1964, King se tornou a pessoa mais jovem a receber o Nobel da Paz, que lhe foi outorgado em reconhecimento à sua nação e à sua liderança na resistência não violenta e pelo fim do preconceito racial nos Estados Unidos. Mesmo assim, Martin Luther King era odiado por muitos segregacionistas do Sul, o que culminou no seu assassinato no dia 4 de abril de 1968, momentos antes de uma marcha, num hotel da cidade de Memphis. James Earl Ray confessou o crime, mas, anos depois, repudiou sua confissão. Em 1986, foi estabelecido um feriado nacional nos Estados Unidos para homenagear Martin Luther King, sempre na terceira segunda-feira do mês de janeiro, data próxima ao seu aniversário.

Outro nome muito conhecido no período da Guerra Fria foi o do pastor batista Billy Graham (1918-2018), que ficou conhecido como o pastor conselheiro dos presidentes. Teve uma relação muito próxima com Dwight Eisenhower, Richard Nixon, Lyndon B. Johnson e Bill Clinton. Foi a partir de 1948 que começou o que o tornaria mundialmente famoso: as *cruzadas evangelísticas*. Eram eventos gigantescos realizados em estádios ao redor do mundo, que reuniam milhares de pessoas para ouvi-lo pregar. Estima-se que, ao todo, tenha pregado para mais de 250 milhões de pessoas em 185 países. Em 25 de setembro de 1962, o público lotou o estádio do Pacaembu, em São Paulo, para ouvi-lo, sendo notícia em todos os jornais da cidade.

Em 1960, fez campanha para Nixon contra John Kennedy, por este ser progressista e católico. Billy Graham também foi um dos pastores pioneiros do televangelismo. Estima-se que sua atuação no rádio e na televisão alcançou uma audiência de mais de 2 bilhões de pessoas.

CAPÍTULO DOIS: NOVAS DOUTRINAS DIVIDEM O MOVIMENTO

Enquanto Billy Graham, como pastor batista, representava os protestantes tradicionais, outro pregador, de vertente pentecostal, contemporâneo a ele, também ocupava espaço na mídia dos Estados Unidos: Jimmy Swaggart. Nascido em 1935, também era músico e intercalava suas pregações com canções enquanto tocava piano. Também esteve várias vezes no Brasil e, como Billy Graham, o público lotou os estádios para ouvi-lo. Jimmy Swaggart, contudo, ficou conhecido pelo escândalo no qual se envolveu: em 1988, foi pegado em flagrante com uma prostituta num motel, no período em que fazia uma conferência no estado de Luisiana. Mas ele não foi o único. Foram comuns, nas décadas de 1970 a 1990, os escândalos sexuais envolvendo pastores famosos – inclusive no Brasil –, e o caso Jimmy Swaggart acabou tendo maior repercussão porque ele figurava entre os mais famosos. Muitas bandas de rock da época compuseram músicas sobre esses escândalos, com destaque para "Holy Smoke", do Iron Maiden.

CAPÍTULO TRÊS

Os Evangélicos Chegam ao Brasil

Por muito tempo, a academia convencionou classificar os evangélicos no Brasil em três grandes grupos: os *protestantes históricos*, os *pentecostais* e os *neopentecostais*. Porém, dado o crescimento numérico e a complexidade atual, essa classificação já não dá mais conta da realidade. O primeiro problema é que um mesmo grupo religioso transita entre as diferentes classificações. Os batistas, por exemplo, podem ser tradicionais, pentecostais de primeira onda, pentecostais de segunda onda, ou, ainda, uma igreja neopentecostal pode autodenominar-se batista.

Outro problema é a *ancestralidade*. Os protestantes tradicionais se distinguiam por serem mais antigos. Porém, denominações como Congregação Cristã no Brasil e Assembleia de Deus já criaram uma tradição, e este termo não pode mais ficar restrito aos protestantes históricos. Isso acompanhado da liturgia. Antigamente, um culto protestante tradicional era diferente de um culto pentecostal, por exemplo. Enquanto o primeiro focava em instrumentos clássicos e hinos, o segundo focava em instrumentos e melodias populares. Essa distinção já não acontece mais.

Não menos importante é a questão política. Tornou-se comum falar que os evangélicos neopentecostais se inseriram na política partidária, quando a realidade mostra envolvimento semelhante entre os protestantes históricos. Um exemplo: durante o governo

CAPÍTULO TRÊS: OS EVANGÉLICOS CHEGAM AO BRASIL

do Presidente Jair Messias Bolsonaro (2019 a 2022), dois ministros eram pastores presbiterianos (André Mendonça e Milton Ribeiro), uma ministra era batista (Damares Alves), enquanto o pastor Silas Malafaia, representante do movimento neopentecostal, não assumiu cargo no governo nem se filiou a nenhum partido, exercendo sua influência de forma indireta. No Legislativo, há vereadores e deputados de todas as correntes evangélicas, e não predominantemente de neopentecostais.

Assim, nessa nova realidade, apenas dois pontos, ainda que não definitivamente, continuam possíveis de serem utilizados para dividir os evangélicos em três grandes grupos, e serão eles que adotaremos. O primeiro é a *doutrina do Espírito Santo*. Para uma parte dos evangélicos, que chamaremos *protestantes tradicionais históricos*, quando uma pessoa se converte ao Cristianismo, ela automaticamente é batizada no Espírito Santo. Dessa forma, os dons espirituais não são manifestações sobrenaturais. Milagres como cura e profecia ficaram restritos à Igreja Primitiva e não acontecem mais nos dias de hoje. Falar outras línguas significa a capacidade de traduzir diferentes idiomas. Para outra parte, que chamaremos *pentecostais*, o batismo no Espírito Santo é uma segunda bênção a ser alcançada após a conversão e se manifesta por meio de dons espirituais sobrenaturais, como dom de cura e dom de profecia, que estão vigentes na Igreja ainda hoje. Falar outras línguas tanto pode ser a capacidade de traduzir idiomas, como a capacidade de falar línguas dos anjos ou línguas estranhas.

Portanto, a primeira grande divisão ainda vigente no mundo evangélico ocorre entre o primeiro grupo, os *tradicionais*, e o segundo, os *pentecostais*. Tal diferença refere-se a essa doutrina em especial e não se aplica à liturgia ou aos costumes das denominações, que podem se misturar. Isto é, uma igreja de doutrina pentecostal, como a Congregação Cristã no Brasil, pode ter uma liturgia muito mais erudita, com órgão e hinos, do que uma igreja de doutrina tradicional, que pode ter uma liturgia muito mais popular, com guitarra, bateria e palmas.

A outra grande divisão se dá entre os evangélicos cujas doutrinas baseiam-se exclusivamente na Bíblia e não renunciam a pontos fundamentais a todos eles, como Jesus ser Deus e uma das três pessoas da Trindade, coeterno com o Pai, e entre grupos que se denominam evangélicos, mas têm doutrinas que ultrapassam o texto bíblico e, por isso, são classificados como *sincréticos* e *sectários*. A esses chamaremos *paraevangélicos* porque não são de todo evangélicos, mas paralelos ao movimento e, como demonstraremos, não podem ser confundidos com os pentecostais de terceira onda.

Portanto, por ser enorme a diversidade do mundo evangélico, é comum organizá-los em grupos para facilitar o estudo da história dos evangélicos no Brasil, e não para reduzi-los a rótulos. Ao invés de seguir os mesmos grupos de sempre, vamos trazer uma abordagem nova e mais ampla, que facilitará ainda mais o entendimento. Levando em consideração tudo o que foi dito, temos, portanto, três grandes grupos: os *protestantes tradicionais históricos* (ou simplesmente *evangélicos* históricos, que se dividem em três ondas, e no Brasil se classificam entre imigrantes e missionários), os *evangélicos pentecostais* (que se subdividem em três ondas) e os *paraevangélicos* (que se dividem entre importados e nacionais). Além disso, há um outro grupo, de *igrejas autônomas*, cujas congregações locais são impossíveis de serem classificadas em algum dos grupos acima.

A tradição católica chama de *igreja* o prédio físico onde acontecem as missas. Entre os evangélicos, porém, há o entendimento de que a igreja são as pessoas, e não o local físico em que se reúnem. Por isso, muitas vezes, o prédio físico é chamado *templo*, e não "igreja".

Ao final deste capítulo (páginas 140-2), um quadro explicativo com as igrejas evangélicas no Brasil em uma classificação teológica, histórica e sociológica.

Os Protestantes Tradicionais Históricos

O primeiro grupo vamos denominar *protestantes*. Chamados também *evangélicos históricos* ou *tradicionais*. O que eles têm em comum é defender que a Teologia que pregam tem uma relação direta com a Reforma Protestante. Ainda que do ponto de vista temporal essa relação não seja direta, os protestantes costumam legitimar muitas doutrinas relacionando-as à Reforma Protestante. Em outras palavras, essas igrejas têm orgulho da Reforma Protestante e procuram se associar a ela como busca de uma suposta superioridade qualitativa sobre os demais evangélicos. Além disso, quase todos os subgrupos deste grupo têm em comum o fato de negarem a doutrina do batismo no Espírito Santo como uma segunda bênção após a conversão e acreditarem que ela acontece no exato momento da conversão e que não se manifesta por meio de dons sobrenaturais. Aliás, por favor nunca confunda: o fato de os protestantes tradicionais afirmarem que o batismo no Espírito Santo não se manifesta por meio de dons espirituais não significa que não creem em milagres. Os tradicionais creem em milagres tanto como os pentecostais, porém, entendem que os milagres são algo extremamente raro, e não corriqueiro, como acreditam os pentecostais.

Do ponto de vista geral, esse grupo também pode ser dividido em três ondas: a *primeira onda* engloba aqueles que tiveram origem direta na Reforma Protestante: luteranos, anglicanos e menonitas; a *segunda onda* engloba aqueles que tiveram origem indireta na Reforma Protestante como resultado do movimento puritano: batistas, congregacionais e presbiterianos; e a *terceira onda* engloba os que surgiram depois, contudo buscam uma relação histórica e doutrinária com a Reforma Protestante, como os metodistas e suas dissidências, e a Igreja Cristã Evangélica, por exemplo. Já no caso da inserção deles no Brasil, temos duas relações: aqueles que se inseriram predominantemente por meio de imigrantes, e aqueles que se inseriram predominantemente por meio de missionários.

Tentando juntar essas duas classificações em uma só, temos o seguinte cenário: o primeiro grupo, que teve origem direta na Reforma Protestante, chamaremos *reformados* ou *protestantes de imigração*. Inicialmente, eles não vieram ao Brasil para converter a população, e sim como imigrantes, e continuaram praticando a sua religião uma vez instalados. Já o segundo grupo também teve leva de imigrantes que não visavam converter os demais, mas acabaram se expandindo e ficaram conhecidos predominantemente pela atividade proselitista dos missionários. Já o terceiro grupo foi constituído predominantemente por missionários e com pouquíssima ou nenhuma expressão de imigrantes.

Assim, ao contrário do que diz a letra de "Juvenília", da banda RPM, "e o Protestantismo europeu", os evangélicos do Brasil não são herdeiros do Protestantismo europeu, mas do Protestantismo dos Estados Unidos. E, como vimos nos capítulos anteriores, isso faz toda a diferença. O Protestantismo estadunidense veio para o Brasil carregado de uma ideologia capitalista, reforçada pelo anticomunismo da Guerra Fria, que forjou uma identidade anticatólica. Esses aspectos, por exemplo, são menos acentuados no continente europeu. Inclusive, hoje em dia, os evangélicos dizem que os europeus precisam ser evangelizados de novo. Entendem a forma diferente de Cristianismo do Protestantismo europeu, menos agressivo, como apostasia.

Luteranos

Sobre a Igreja Luterana como um todo, vimos, no primeiro capítulo, como se deu a Reforma Protestante. No Brasil, a primeira igreja luterana oficialmente organizada, ao contrário do que muitos imaginam, não foi erigida na região Sul, e sim no Rio de Janeiro. Em 3 de maio de 1824, tinha início a *Igreja Luterana de Nova Friburgo*. Dois meses depois, em 25 de julho, era organizada a primeira igreja luterana de São Leopoldo, Rio Grande do Sul. Essas igrejas foram organizadas

CAPÍTULO TRÊS: OS EVANGÉLICOS CHEGAM AO BRASIL

com imigrantes suíços e alemães, incentivados pelo governo imperial de Dom Pedro I, com base nas teorias eugenistas da época, e responsáveis pelo surgimento da *Igreja Evangélica de Confissão Luterana no Brasil.*

Em 1º de julho de 1900, por outro lado, o missionário estadunidense Christhian J. Broders organizou uma congregação luterana no município de Morro Redondo, Rio Grande do Sul. Quatro anos depois, já havia mais de três mil membros ligados a essa missão, e então, em 24 de junho de 1904, teve origem a *Igreja Evangélica Luterana do Brasil.* Antes dessas duas igrejas, o Brasil teve experiências de indivíduos luteranos durante a colonização, mas elas não permaneceram aqui. Portanto, contabilizam-se as igrejas que vieram *e* aqui permaneceram. Assim, até hoje, no Brasil, existem os luteranos de origem alemã (IECLB) e os luteranos de origem estadunidense (IELB). Ambos seguem a *Confissão de Augsburgo.*

Anglicanos

Como vimos nos capítulos anteriores, a Igreja Anglicana é a igreja oficial da Inglaterra. O Brasil teve vários contatos com os anglicanos, desde a colonização até o período imperial, quando as primeiras congregações foram definitivamente estabelecidas. Assim, em 1822, foi organizada a *Christ Church*, no Rio de Janeiro, primeira igreja anglicana no país. Em 1838, foi a vez de Recife ver surgir a segunda igreja anglicana no Brasil, a *Holy Trinity Church*. Eram igrejas de imigrantes ingleses e não tinham como objetivo converter o Brasil ao Anglicanismo. Somente em 1860 é que chegou o missionário escocês Richard Holden, que encontrou diversas dificuldades para a propagação da fé anglicana e acabou se juntando aos congregacionais. Finalmente, em 1º de junho de 1890, foi realizado o primeiro culto anglicano em língua portuguesa, em Porto Alegre, liderado pelos missionários estadunidenses Lucien Lee Kinsolving e James Watson Morris. Foi então, a partir desse trabalho, que teve origem a *Igreja Episcopal Anglicana do Brasil*, atualmente com nove dioceses espalhadas pelo país.

Em 25 de janeiro de 2005, por causa da postura progressista da Igreja Episcopal Anglicana do Brasil, dando apoio a casamentos gays e ao aborto, o reverendo Robinson Cavalcanti, bispo da Diocese Anglicana do Recife, rompeu com a então denominação e deu origem à *Igreja Anglicana no Brasil*. No mesmo ano, também surgiu outro movimento dissidente, que originou a *Igreja Anglicana Reformada do Brasil*, de orientação mais fundamentalista. Os anglicanos ficaram mais conhecidos a partir do reverendo Aldo Quintão, da Catedral Anglicana de São Paulo, quando este foi ao programa do Jô Soares. Desde então, o pároco se tornou presente na mídia, atraindo fiéis para a sua igreja, inclusive famosos, como foi o caso da celebração do casamento da filha do apresentador Silvio Santos, Silvia Abravanel, em 6 de dezembro de 2013. Neste mesmo ano, Aldo Quintão rompeu com a Igreja Episcopal Anglicana do Brasil, e a catedral que ele atualmente preside é independente.

Presbiterianos

A Igreja Presbiteriana se considera a maior representante do Calvinismo no Brasil. Na França, após a Reforma Protestante, os calvinistas foram chamados *huguenotes*. O primeiro contato que os brasileiros tiveram com o Protestantismo se deu no período entre 1555 e 1560, quando huguenotes franceses chegaram na Baía de Guanabara, mas não conseguiram fixar-se ali, pois foram expulsos pelos portugueses. O segundo contato ocorreu entre 1630 e 1654, quando calvinistas holandeses aportaram na região Nordeste, mas, à semelhança do grupo anterior, não permaneceram.

Existem muitos ramos protestantes de orientação calvinista no mundo. Os calvinistas preferem se autodenominar *cristãos reformados*. O que os une é o documento *Confissão de Westminster*. O nome de *Igreja Presbiteriana*, como conhecemos hoje, surgiu na Escócia,

CAPÍTULO TRÊS: OS EVANGÉLICOS CHEGAM AO BRASIL

quando o teólogo John Knox (1505-72), discípulo de Calvino, levou o parlamento escocês a tornar igrejas protestantes de orientação teológica calvinista as igrejas daquele país. Como o governo dessas congregações era presbiteriano – palavra de origem grega, *presbyteros*, que significa ancião – e não episcopal, como a Igreja Anglicana, ela passou a se chamar *Igreja Presbiteriana*.

Da Escócia, a Igreja Presbiteriana se difundiu para a Inglaterra, fazendo parte do grupo dos puritanos, que integrou o grupo de peregrinos que se mudou para a América e ajudou a colonizar os Estados Unidos. E foi dos Estados Unidos, no século 19, que os presbiterianos se espalharam para o mundo por meio das missões evangelísticas. Em 1862, chegaram ao Brasil por intermédio do missionário Ashbel Green Simoton. Atualmente existem mais de dez denominações presbiterianas no Brasil. Apresentaremos as cinco principais.

IGREJA PRESBITERIANA DO BRASIL

É a maior e mais antiga das denominações presbiterianas. Simoton chegou ao Brasil em 12 de agosto de 1859, para começar o trabalho de pregação aos brasileiros. Três anos depois, tinha um grupo de convertidos que deram origem à *Igreja Presbiteriana do Rio de Janeiro*, onde hoje é a *Catedral Presbiteriana do Rio*. Os presbiterianos também fundaram o primeiro jornal evangélico do Brasil, denominado *Imprensa Evangélica* (1864). Um dos primeiros convertidos ao Presbiterianismo, que ajudou bastante no crescimento dessa denominação, foi o padre José Manoel da Conceição (1822-73), que acabou se tornando o primeiro pastor presbiteriano brasileiro.

IGREJA PRESBITERIANA INDEPENDENTE DO BRASIL

Em 31 de julho de 1903, após diversos conflitos com os missionários dos Estados Unidos, o então pastor da Igreja Presbiteriana de São Paulo, Eduardo Carlos Pereira, com mais seis pastores presbiterianos, decidiu romper com o sínodo da Igreja Presbiteriana do Brasil e deu início a uma nova denominação, que levava o nome de *Independente*, em referência à não dependência dos missionários estadunidenses. Foi a primeira denominação evangélica criada no Brasil. Falaremos dela mais adiante, quando abordarmos a questão da maçonaria.

IGREJA PRESBITERIANA CONSERVADORA DO BRASIL

Foi fundada em 11 de fevereiro de 1940 como dissidência da anterior e como reação à aproximação daquela denominação com o liberalismo teológico. O irônico é que, ao confrontar algumas doutrinas da Igreja Presbiteriana Independente, a *Igreja Presbiteriana Conservadora* acabou se tornando uma denominação exatamente igual à Igreja Presbiteriana do Brasil.

IGREJA PRESBITERIANA UNIDA DO BRASIL

Em movimento contrário ao da denominação anterior, esta denominação surgiu em 10 de setembro de 1978, em Atibaia, São Paulo, fundando sua sede posteriormente em Vitória, Espírito Santo, por um grupo presbiteriano de orientação progressista. É uma das denominações mais próximas do liberalismo teológico. É importante destacar que a *Igreja Presbiteriana Unida de São Paulo*, que fica em Campos Elíseos, na capital paulista, é uma igreja presbiteriana da Igreja Presbiteriana do Brasil, e não da denominação Presbiteriana Unida, como pode parecer à primeira vista.

IGREJA PRESBITERIANA FUNDAMENTALISTA DO BRASIL

Assim como a Igreja Presbiteriana Independente rompeu com os missionários dos Estados Unidos em São Paulo, o reverendo Israel Gueiros fez um movimento semelhante em 1956, em Recife. Porém, enquanto a Igreja Presbiteriana Independente se tornava uma

CAPÍTULO TRÊS: OS EVANGÉLICOS CHEGAM AO BRASIL

denominação mais progressista contra o que entendia como fundamentalismo da Igreja Presbiteriana do Brasil, a *Igreja Presbiteriana Fundamentalista do Brasil* acusava a Igreja Presbiteriana do Brasil de ser muito liberal.

Batistas

O primeiro contato de que se tem notícia de batistas no Brasil se deu com a chegada de imigrantes estadunidenses em 1867, os quais criaram uma colônia no interior de São Paulo, onde atualmente é a cidade de Americana. Esses imigrantes eram, em sua maioria, confederados separatistas que haviam sido derrotados na Guerra Civil de Secessão Americana (1861-65). O motivo daquela guerra deveu-se ao fim da escravidão, e um grupo de sulistas, derrotados, decidiu se mudar para um país onde a prática ainda fosse legalizada. Em 1871, eles organizaram a *Primeira Igreja Batista no Brasil*, onde hoje é o município de Santa Bárbara d'Oeste, mas que, à época, pertencia à Americana.

CONVENÇÃO BATISTA BRASILEIRA

Em 12 de janeiro de 1881, o casal William Buck Bagby e Anne Luther Bagby, convocado pela agência missionária da Convenção Batista do Sul dos Estados Unidos, a *Junta de Richmond*, embarcou para o Brasil. Após 48 dias de viagem, os missionários batistas chegaram ao Rio de Janeiro em 2 de março. No ano seguinte, no dia 11 de janeiro, a mesma agência enviou o casal Zachary Clay Taylor e Kate Stevens Crawford Taylor. Tanto William Bagby como Zachary Taylor, ao aqui chegarem, se estabeleceram inicialmente na cidade de Santa Bárbara d'Oeste, por causa da congregação que já existia ali.

Nesse meio-tempo, um padre alagoano chamado Antônio Teixeira de Albuquerque, realizando estudos bíblicos, decidiu converter-se ao Protestantismo, inclusive casando-se. Em seus estudos, concluiu que o batismo bíblico era o por imersão. Tendo conhecimento de uma congregação batista no interior de São Paulo, dirigiu-se para lá, pedindo ao pastor daquela igreja, Robert Thomas, que o rebatizasse para que pudesse aderir ao grupo. Posteriormente, tornou-se o primeiro pastor batista brasileiro e se juntou aos missionários supracitados.

Juntos, os três casais decidiram começar o trabalho evangelístico em Salvador, pois, apesar de ser, à época, a segunda cidade mais populosa do país, era um importante centro que atingia um maior número de pessoas. Portanto, em 1882, foi organizada a primeira igreja batista brasileira de fato. Em 1890, isto é, oito anos depois da organização da primeira igreja de brasileiros, chegou ao Brasil o missionário polonês congregacional Salomão Luiz Ginzburg, que, no ano seguinte, em terras brasileiras, optou pelo batismo por imersão, tornando-se batista. Ao ser nomeado pela Junta de Richmond, ele seguiu para o Rio de Janeiro, onde desenvolveu a ideia de uma convenção nacional que viria a se tornar a *Convenção Batista Brasileira*. A partir da ação de Salomão Luiz Ginzburg, os batistas se consolidaram no Brasil, expandindo-se para o interior do país, criando as convenções estaduais, as instituições de ensino e demais organizações publicadoras e difusoras de sua fé.

Atualmente, são representantes da Convenção Batista Brasileira a *Primeira Igreja Batista de Curitiba*, liderada pelo pastor Paschoal Piragine, e a *Igreja Batista de Água Branca*, na cidade de São Paulo, liderada pelo pastor Ed René Kivitz. Além disso, os batistas tradicionais se fazem presentes, principalmente, no estado do Rio de Janeiro, onde se encontra a sede da Convenção Batista Brasileira e das suas instituições, e no Espírito Santo. Em 2009, a Junta de Missões Nacionais dessa denominação iniciou um projeto de resgate de viciados em drogas na região da Cracolândia, em São Paulo, conhecido como *Cristolândia*. O projeto se expandiu para outras cidades e ficou nacionalmente conhecido.

CAPÍTULO TRÊS: OS EVANGÉLICOS CHEGAM AO BRASIL

IGREJA BATISTA REGULAR E IGREJA BATISTA BÍBLICA

Outra dissidência, como vimos, foi o movimento fundamentalista nos Estados Unidos. Como consequência desse movimento, tiveram origem os batistas regulares. Estes surgiram em Chicago, Estados Unidos, em 1932, sob a liderança do pastor Howard C. Fulton, como reação contra as igrejas da Convenção Batista do Norte, que, na opinião deles, estavam tolerando a Teologia Liberal. Por isso, adotaram o nome de regulares, do latim *regulare*, isto é, conforme as regras. No Brasil, os batistas regulares chegaram em 1935 por meio do trabalho missionário de William A. Ross e Edward G. McLain. Já os batistas bíblicos surgiram em 1950, pelo mesmo motivo: o pastor Frank Norris liderou 120 pastores do Texas numa reação contra o que consideravam liberalismo teológico da Convenção Batista do Sul. Essa associação adotou o nome de *Batista Bíblica* para enfatizar a crença na autoridade da Bíblia como inerrante e infalível contra as críticas dos teólogos ditos liberais. A *Igreja Batista Regular* e a *Igreja Batista Bíblica* são denominações doutrinariamente idênticas, apesar de se constituírem duas instituições distintas.

IGREJA BATISTA DO SÉTIMO DIA

Os batistas do Sétimo Dia seguem a mesma doutrina e princípios batistas tradicionais, com exceção de guardarem o sábado, e não o domingo, como dia sagrado. Essa denominação surgiu a partir do movimento que se originou em 1617, na Inglaterra, fundada pelo casal John e Dorothy Traske e pelo pastor Hamlet Jackson. A primeira igreja, por sua vez, foi organizada em 1651, em Londres. No Brasil, a igreja surgiu oficialmente em 4 de novembro de 1950, numa comunidade de imigrantes em Porto União, Santa Catarina, liderada por Gustavo Perske.

Por ser o grupo evangélico mais heterodoxo, a identidade batista é definida mais pelos seus princípios do que pela sua doutrina. Isto é,

90 A HISTÓRIA DOS EVANGÉLICOS PARA QUEM TEM PRESSA

ser batista não é somente seguir uma declaração doutrinária ou uma confissão – como os luteranos com a Confissão de Augsburgo ou os presbiterianos com a Confissão de Westminster –, que, como vimos, pode variar muito, a depender da denominação, mas seguir uma declaração de princípios. Assim, mesmo que diversas denominações batistas sejam divergentes entre questões doutrinárias (calvinistas ou arminianos, pentecostais ou tradicionais, liberais ou fundamentalistas), elas têm em comum os mesmos princípios. Os mais conhecidos são a separação entre a Igreja e o Estado, a defesa da liberdade religiosa e a autonomia da igreja local. Assim, essas diferentes denominações fazem parte da *Aliança Batista Mundial.*

Congregacionais

O *Congregacionalismo* foi uma das poucas denominações protestantes tradicionais que não chegaram ao Brasil vindas dos Estados Unidos. O trabalho congregacional teve início em 1855 com a chegada do casal de missionários Robert Reid Kalley e Sarah Poulton Kalley no Rio de Janeiro, vindos da Escócia, onde organizaram a *Igreja Evangélica Fluminense.* A ideia do Congregacionalismo era realizar um trabalho que não tivesse ligação com nenhuma denominação protestante, apesar de se parecerem muito com batistas e presbiterianos, e terem a origem puritana em comum.

IGREJA EVANGÉLICA CONGREGACIONAL

Em 1913, as igrejas organizadas pelo casal Kalley se uniram e formaram uma denominação que mais tarde ficaria conhecida como *União das Igrejas Evangélicas Congregacionais do Brasil* (UIECB). O nome foi adotado com certa resistência, pois os fundadores não queriam ser associados às denominações homônimas dos Estados Unidos ou do Reino Unido, já que estas não apoiaram o trabalho missionário dos Kalley. Em 2008, um movimento fundamentalista dentro da

CAPÍTULO TRÊS: OS EVANGÉLICOS CHEGAM AO BRASIL

denominação fez surgir a *Associação das Igrejas Congregacionais Kalleyanas*.

IGREJA CRISTÃ EVANGÉLICA

Em 1901, o missionário canadense Reginaldo Young fazia um trabalho paralelo ao dos Kalley e organizou a *Igreja Cristã Paulistana*, em 25 de agosto daquele ano, também nos moldes congregacionais. Com o crescimento em São Paulo, Minas Gerais e Goiás, o trabalho se consolidou como uma nova denominação, a *Igreja Cristã Evangélica do Brasil*. Dadas as semelhanças, em 1942, num congresso em Santos, houve uma fusão entre as Igrejas Evangélicas Congregacionais do Brasil e a Igreja Cristã Evangélica do Brasil, formando a *Igreja Evangélica Congregacional e Cristã do Brasil*. Essa fusão durou até 1968, quando foi desfeita. Até hoje, portanto, as duas denominações, apesar de serem idênticas, seguem como duas instituições distintas: a *Igreja Cristã Evangélica do Brasil* e a *União das Igrejas Evangélicas Congregacionais do Brasil*.

Tome cuidado para não confundir: a denominação Igreja Evangélica Congregacional é muito diferente da denominação Congregação Cristã no Brasil, sobre a qual falaremos adiante, no item sobre o Pentecostalismo.

Metodistas

Como vimos, os metodistas surgiram em 1739, na Inglaterra, como um avivamento espiritual dentro da Igreja Anglicana. O nome apareceu como um apelido, pelo fato de os seguidores de John Wesley se basearem num método bem disciplinado de estudo bíblico e oração. Em geral, os nomes das denominações surgem justamente por causa do apelido que os demais dão, enfatizando alguma característica. No Brasil, o movimento chegou em agosto de 1835, com o missionário Fountain Elliot Pitts, vindo dos Estados Unidos. Seu objetivo foi fazer uma análise da cidade do Rio de Janeiro e enviar um relatório para a sua igreja de origem. Com base nesse relatório, no ano seguinte, chegou o missionário Justin Spauding. Em 1871, sob a liderança do missionário J.E. Newman, foi organizada a primeira congregação metodista no Brasil, em Santa Bárbara d'Oeste, interior de São Paulo. Em setembro de 1886, uma conferência na capela metodista no bairro do Catete, no Rio de Janeiro, deu origem ao que hoje é a *Igreja Metodista do Brasil*.

Menonitas

Os menonitas se consideram a denominação herdeira do movimento anabatista do século 16. Eles receberam esse nome por causa de seu líder, o teólogo holandês Menno Simons (1496-1561). Essa denominação se estabeleceu no Brasil essencialmente através de imigrantes, principalmente de origem russa, em Santa Catarina e no Paraná. A associação dos imigrantes menonitas acabou por gerar a *Convenção das Igrejas Evangélicas Irmãos Menonitas no Brasil*, em 1995. Posteriormente, missionários dos Estados Unidos vieram para o Brasil, dando origem à *Aliança Evangélica Menonita*. Além disso, existe uma colônia de menonitas estadunidenses no município de Rio Verde, Goiás, conhecida como *Igreja de Deus em Cristo Menonita*, que não tem relação com a igreja originada a partir da imigração europeia para o Sul do País.

Exército de Salvação

O *Exército de Salvação* é uma denominação e também uma instituição de caridade. Foi fundado em 1865 por William Booth e sua esposa, Catherine Booth, pastores metodistas em Londres, durante a Revolução Industrial. O lema do trabalho era "Os três S: primeiro a sopa, depois o sabão e por fim a salvação". O período da Revolução Industrial na Inglaterra foi bem traumático para a população, que

CAPÍTULO TRÊS: OS EVANGÉLICOS CHEGAM AO BRASIL

não tinha recursos, já que, àquela época, não existiam nem proteção ou controle estatal, nem sindicatos. Com o advento das máquinas, muitas pessoas ficaram desempregadas, passando necessidade. Nesse contexto, o trabalho dos metodistas e do Exército da Salvação foi decisivo.

Darbistas

O movimento darbista, também conhecido como *Assembleia dos Irmãos* ou *Irmãos de Plymouth*, surgiu na Irlanda. No Brasil, algumas de suas igrejas são conhecidas como *Igreja Evangélica Casa de Oração*. O nome *darbista* vem do líder John Nelson Darby, criador da Teologia Dispensacionalista, um sistema interpretativo da Bíblia segundo o qual Deus interage com a humanidade de maneiras distintas a cada era. Ao todo serão sete dispensações na História, sendo que cinco já foram concluídas. Neste sistema de interpretação, a Igreja não substituiu o povo de Israel, sendo duas dispensações paralelas.

Esse movimento também é conhecido como *Cristianismo Não Denominacional*, uma forma de as congregações serem totalmente independentes de qualquer sistema institucional. Assim, é também difícil catalogá-las dentro desse movimento. Porém, como têm um programa doutrinário específico, essas igrejas, ainda que neguem, indiretamente acabam constituindo uma denominação específica. Ironicamente trata-se de uma denominação de igrejas que negam o Denominacionalismo.

OS EVANGÉLICOS PENTECOSTAIS

Os pentecostais constituem o grupo mais difícil de catalogar dentro do mundo evangélico. Por muito tempo, historiadores e teólogos utilizaram como critério a data de surgimento de cada denominação. Para isso, termos como *primeira onda*, *segunda onda* e *terceira onda* foram empregados. A terceira onda também foi chamada

Neopentecostalismo. Mas, com o passar do tempo, surgiram novas igrejas que não se encaixavam nessa terminologia cronológica. Por exemplo, a *Igreja Sara Nossa Terra* e a *Igreja Universal* são bem diferentes, mas equivocadamente classificadas como igualmente de terceira onda, pois surgiram na mesma época cronológica. A solução que encontramos foi manter a divisão em três ondas, porém excluindo algumas igrejas e criando novas terminologias para elas. É importante ressaltar que essa classificação é exclusiva para o Brasil; outros países utilizam diferentes terminologias para classificar o movimento pentecostal.

Outra forma de classificar as igrejas pentecostais no Brasil, além da identificação cronológica com as três ondas, é relacioná-las às suas origens, que podem ser divididas em três grupos: as denominações que vieram importadas dos Estados Unidos, isto é, começaram lá e foram trazidas para o Brasil; as denominações que começaram no Brasil de fato, por iniciativa individual de algumas lideranças; e as denominações pentecostais, que saíram a partir de cismas das igrejas protestantes tradicionais. Na apresentação a seguir, utilizaremos a ordem cronológica das três ondas.

Pentecostais da Primeira Onda ou Pentecostais Clássicos

Como vimos há pouco, o movimento pentecostal surgiu oficialmente em Los Angeles, em 1906, evidenciado pelo fenômeno da glossolalia. Os dois exemplos mais famosos no Brasil foram a Congregação Cristã no Brasil, de 1910, e a Assembleia de Deus, de 1911. Elas são, até hoje, consideradas igrejas nacionais, pois foram denominações organizadas e iniciadas em solo brasileiro, ainda que por missionários e influência estrangeiros. Logo em seguida, vieram igrejas pentecostais importadas, organizadas e iniciadas sobretudo nos Estados Unidos e trazidas por missionários. É o exemplo da *Igreja de Deus* e da *Igreja de Cristo*.

CONGREGAÇÃO CRISTÃ NO BRASIL

Ao andar pelo Brasil, você provavelmente já percebeu que existe uma denominação que tem o mesmo estilo de templo construído por todo o país: paredes cinza, um pórtico na porta da frente e janelas de vidro dispostas verticalmente. Trata-se da *Congregação Cristã no Brasil*, também conhecida popularmente como *Igreja do Véu*. Eles se baseiam no livro bíblico de 1 Coríntios, capítulo 11, em que o apóstolo Paulo recomenda que as mulheres usem véus quando se reunirem para o culto. As outras igrejas entendem que tal ordem, entretanto, foi específica para os cristãos de Corinto àquela época, e não uma ordem permanente. Nela também há a prática de homens e mulheres se sentarem separados, cada um em um lado da congregação.

Essa denominação foi fundada em 1910, em São Paulo, no bairro do Brás, pelo pastor presbiteriano Louis Francescon, de origem italiana, que teve contato com o movimento pentecostal em Chicago. A denominação cresceu logo em seguida com a adesão de alguns batistas e presbiterianos que se identificaram com o movimento pentecostal. Pregar em comunidades italianas espalhadas ao longo das estradas de ferro do interior paulista também ajudou a expandir a denominação.

Além do uso do véu e outras características próprias que abordaremos no próximo capítulo, a Congregação Cristã no Brasil se distingue das demais igrejas evangélicas por ser contrária ao dízimo, prática que ela relega ao Antigo Testamento, e por seus oficiais, chamados *anciãos*, não receberem salários. Assim, diferentemente de outras denominações, onde ser pastor é também uma atividade profissional, os anciãos da Congregação Cristã no Brasil não dedicam tempo integral ao ministério, pois têm profissão, como os demais membros da comunidade.

IGREJA EVANGÉLICA ASSEMBLEIA DE DEUS

A maior igreja evangélica do Brasil se subdivide em incontáveis convenções. Porém, é importante ressaltar que elas se subdividem por questões de administração, e não por divergências doutrinárias. Juntas, as convenções de Assembleias de Deus no mundo fazem dessa a maior denominação de todas.

Elas têm origem no movimento pentecostal dos Estados Unidos, no início do século 20. No Brasil, a *Igreja Evangélica Assembleia de Deus* surgiu em 18 de junho de 1911, com a pregação de dois pastores suecos de origem batista: Gunnar Vingren e Daniel Berg. Como a pregação de doutrinas pentecostais não foi aceita pelos batistas da qual faziam parte, o movimento surgiu a partir dessa dissidência, em Belém, Pará. Apesar da dissidência em 1911, o nome *Assembleia de Deus* só foi adotado em 1918, inspirado no surgimento de uma denominação homônima nos Estados Unidos quatro anos antes – ainda que muita gente pense que a Assembleia de Deus surgiu no Brasil. Os assembleianos herdaram dos batistas o sistema administrativo por meio de convenções. Existem diversas convenções no Brasil. Abaixo apresentamos as principais.

1. *Convenção Geral das Assembleias de Deus no Brasil* (CGADB) – Essa é, atualmente, a maior convenção de Assembleias de Deus no Brasil, apesar de ter sua sede no Rio de Janeiro, e não na cidade de origem do movimento, Belém. Ela foi oficialmente organizada em 1930 e é afiliada da Associação Mundial Assembleia de Deus.

2. *Convenção Nacional das Assembleias de Deus no Brasil* (CONA-MAD) – É conhecida tradicionalmente como *Ministério Madureira*, fazendo menção ao bairro carioca onde começou. Organizada em 1958, atualmente tem sede em Brasília.

3. *Convenção da Assembleia de Deus no Brasil* (CADB) – Foi organizada em 2017 com algumas igrejas dissidentes das convenções anteriores e outras Assembleias de Deus, englobando a *Assembleia de Deus de Belém*, que deu origem ao movimento no Brasil.

CAPÍTULO TRÊS: OS EVANGÉLICOS CHEGAM AO BRASIL

Assim como os batistas, os assembleianos são um grupo bastante heterogêneo. Em razão disso, mais do que uma declaração doutrinária, as Assembleias de Deus são definidas, entre outras características, por um conjunto de princípios conhecidos como *Declaração de Verdades Fundamentais das Assembleias de Deus*. A Assembleia de Deus também ficou conhecida por estar entre as principais denominações divulgadoras no Brasil do movimento *Gideões Internacionais*, um grupo internacional que distribui Bíblias gratuitas em hotéis e hospitais. Você provavelmente já viu um Novo Testamento de capa cinza em alguma gaveta da mesinha de cabeceira.

IGREJA DE DEUS NO BRASIL

A *Igreja de Deus* surgiu em Cleveland, Ohio, em 1886, como parte do *Movimento de Santidade* – movimento dentro da Igreja Metodista que buscava a purificação do cristão e que seguiu em paralelo ao surgimento do Pentecostalismo. Isto é, ambos estão interrelacionados. Dessa forma, esta denominação praticamente surgiu junto com o movimento pentecostal e, portanto, pode ser considerada a primeira denominação pentecostal do mundo. Trata-se de uma dissidência do movimento metodista, o que explica a proximidade de suas logomarcas, em formato de cruz pegando fogo.

Como parte do Movimento de Santidade, em 19 de agosto de 1886, foi organizada a *Igreja União Cristã* e, em 11 de janeiro de 1907, após as experiências pentecostais, foi denominada *Igreja de Deus*. Apesar do nome parecer certa presunção, ele está ligado ao fato de que o movimento tinha a intenção de reunir todas as denominações evangélicas numa só igreja, daí a escolha de um termo neutro. A Igreja de Deus sofreu uma dissidência logo no início da sua história, por isso é comumente dividida entre a *Igreja de Deus de Cleveland* e a *Igreja de Deus de Anderson*, duas cidades nos Estados Unidos.

Em dezembro de 1922, chegou ao Brasil um grupo de colonos que se estabeleceram no município de Dona Emma, em Santa Catarina, liderados pelo pastor Adolf Weidmann. No ano seguinte, o pastor Julius Dräger, a partir desse grupo, organizou a primeira *Igreja de Deus no Brasil*, no município de Rio das Antas, também em Santa Catarina. Esse grupo era ligado à Igreja de Deus de Anderson.

Em 1934, a missionária Caroline M. Paulsen, abandonada pela sua pequena denominação de origem estadunidense (*Igreja do Calvário*), entrou em contato com a Igreja de Deus de Cleveland, por intermédio do pastor Vessie Hargrave, que assumiu o trabalho que ela começara na cidade de Goiânia, a qual acabara de ser fundada para ser a capital de Goiás. Em 12 de maio de 1955, o trabalho liderado pela missionária se tornou uma Igreja de Deus. Com o crescimento, as igrejas do Centro-Oeste se uniram com as igrejas do Sul e organizaram a Igreja de Deus no Brasil, com ligação com a Igreja de Deus em Cleveland, nos Estados Unidos.

IGREJAS DE CRISTO

As *Igrejas de Cristo* são o resultado de um movimento de congregações cristãs autônomas associadas entre si, que surgiu em 1809, nos Estados Unidos, liderado pelo pastor Alexander Campbell. A primeira igreja desse segmento no Brasil foi organizada em 13 de dezembro de 1932, em Mossoró, Rio Grande do Norte. Elas não seguem nenhum tipo de hierarquia entre si, tendo as igrejas locais total autonomia. Apesar do surgimento no início do século 19 nos Estados Unidos, aqui no Brasil ela foi introduzida alinhada com o movimento pentecostal.

IGREJA DE CRISTO PENTECOSTAL NO BRASIL

Esta denominação teve origem no Brasil em 24 de janeiro de 1937, quando foi organizada pelo missionário estadunidense Horace S. Ward, que chegara dois anos antes, no município de Serra Talhada, Pernambuco. Em 1964, ela se emancipou da missão estadunidense e, em 1993, mudou a sede nacional para Brasília.

IGREJA DO NAZARENO

À semelhança da Igreja de Deus, a *Igreja do Nazareno* também surgiu como consequência do Movimento de Santidade e como dissidência da Igreja Metodista, em 1907. Apesar de ter se iniciado em Chicago, atualmente a sua sede mundial se encontra na cidade de Lenexa, Kansas.

IGREJA BATISTA INDEPENDENTE

Os batistas sempre foram um grupo muito heterogêneo. Logo nos primórdios dividiam-se entre *batistas particulares* (calvinistas) e *batistas gerais* (arminianos). À medida que o grupo foi crescendo numericamente, divisões internas foram dando origem às diferentes denominações. O primeiro grande movimento cismático em relação aos *batistas puritanos* deve-se ao movimento pentecostal, com o surgimento dos *batistas independentes*, primeiro ramo pentecostal entre os batistas.

Eles surgiram na Suécia, no final do século 19, sob a liderança do pastor John Ongman (1844-1931), que, em 1868, mudou-se para os Estados Unidos, onde dirigiu uma congregação em Minnesota e onde também teve contato com o incipiente movimento pentecostal da época, que dava seus primeiros passos. Em 1890, Ongman voltou para a Suécia a fim de pastorear uma igreja em Örebro, levando consigo as novidades doutrinárias que conheceu na América.

Em 1931, após a morte de Ongman, a igreja de Örebro rompeu com a *Convenção Batista Sueca* por causa das questões doutrinárias ligadas ao Pentecostalismo. Nesse mesmo tempo, o pastor Lewi Pethrus, de Estocolmo, também conduzia sua congregação para o movimento pentecostal, dando origem à *Missão de Örebro* como outra denominação batista de orientação pentecostal fora da Convenção Sueca.

Em 15 de novembro de 1889, foi proclamada a República no Brasil e, assim, no final do século 19 e início do século 20, o país viveu a experiência denominada *Primeira República* (1889-1930). Por aqui, os cafeicultores reclamavam do fim da mão de obra escrava por causa da Abolição em 13 de maio de 1888, enquanto, na Europa, muitos operários perdiam seus empregos por causa da Revolução Industrial. O governo brasileiro passou a incentivar a imigração de europeus para trabalharem. Esse projeto também se casou com a ideia de europeização da população brasileira da época, que via a Europa como padrão de civilização a ser imitado. Nesse contexto, muitos suecos vieram para o Brasil.

Os suecos que se mudaram para o Brasil entre o final do século 19 e início do século 20 estabeleceram-se, principalmente, no Rio Grande do Sul. Entre esses imigrantes estava Anders Gustaf Andersson, que tinha sido membro de uma igreja batista da Missão de Örebro e chegara no Brasil em 1891. Vendo a necessidade de uma liderança bem preparada, Andersson escreveu para o pastor Ongman pedindo que ele enviasse um missionário para as terras brasileiras. Assim, em 1912, seu pedido foi atendido, e o recém-formado pastor Erik Jansson chegou, dando início ao trabalho missionário no Rio Grande do Sul, inicialmente entre os próprios suecos, que organizaram a *Igreja Batista Sueca de Ijuí*, em 1915.

Aos poucos, outros missionários foram chegando, e o trabalho missionário se expandiu para além das colônias suecas, até que, em 1919, foi organizada a *Convenção Evangélica Batista Sul Rio-grandense* e, em 1951, surgiram as primeiras igrejas em São Paulo (Sorocaba e Jundiaí). Essa expansão também foi acompanhada da criação das primeiras instituições batistas independentes, como orfanatos, asilos e escolas.

No ano seguinte, em Ijuí, organizou-se a Convenção das Igrejas Evangélicas Batistas Independentes do Brasil que, em 1966, passou a se chamar somente *Convenção das Igrejas Batistas Independentes*, com três mil membros espalhados em 18 igrejas, sendo 16 no Rio Grande

CAPÍTULO TRÊS: OS EVANGÉLICOS CHEGAM AO BRASIL

do Sul e 2 em São Paulo. Um dos motivos de se adotar o nome *igrejas batistas independentes* teve como propósito distingui-los dos batistas da Convenção Batista Brasileira e também enfatizar a total autonomia administrativa das congregações locais.

Pentecostais de Segunda Onda ou Deuteropentecostais

O Pentecostalismo de segunda onda, como vimos, ficou conhecido principalmente pelo dom de curas. As igrejas protestantes tradicionais são adeptas da doutrina cessacionista, segundo a qual os milagres operados na Igreja Primitiva, por meio dos dons espirituais, ficaram restritos àquela época. Os pentecostais discordam e acreditam que esses dons estão presentes ainda hoje. Portanto, nos cultos, é possível, através da fé, obter a cura milagrosa para doenças, entre outros eventos extraordinários.

O dom de cura não é exclusivo para doenças físicas, podendo ser também a libertação para problemas emocionais e psíquicos. Esse movimento é conhecido como *carismático* e está presente até mesmo na Igreja Católica, por meio do movimento *Renovação Carismática*. A palavra tem origem num termo grego para se referir à ação do Espírito Santo, e não deve ser confundida como carisma no sentido de qualidade que algumas pessoas têm em serem agradáveis.

O Pentecostalismo de segunda onda também deu ênfase ao dom de profecias e revelação, que é comum hoje em dia em todas as igrejas pentecostais e negado pelas protestantes tradicionais. Acredita-se que certas pessoas têm o dom de visualizar, por graça divina, o futuro ou, então, revelar pecados que estejam escondidos. Na Bíblia, o conceito de profecia é muito mais amplo do que simplesmente revelar o futuro de alguém e está ligado, sobretudo no Antigo Testamento, à pregação repreensiva feita pelos profetas para o povo de Israel.

IGREJA DO EVANGELHO QUADRANGULAR

É a principal representante do Pentecostalismo de segunda onda. Fundada em 1922 nos Estados Unidos, chegou ao Brasil em 1951, tendo seu início oficial no dia 15 de novembro daquele ano por intermédio do missionário Harold Edwin Williams (1913-2002). O trabalho começou numa casa na cidade de Poços de Caldas, Minas Gerais, transferindo-se posteriormente para o município de São João da Boa Vista, São Paulo, para, em 1952, se estabelecer na capital paulista, onde funciona a sede da igreja.

Uma das características dessa igreja é a sua movimentação itinerante por meio de tendas, onde são ministrados os cultos de cura e libertação. No início, a partir de São Paulo, grupos viajavam pelo interior do país, montando as tais tendas temporariamente em algumas cidades, como um circo. A ideia de Evangelho Quadrangular faz referência ao foco da igreja em quatro pontos: 1. Jesus salva; 2. Jesus batiza no Espírito Santo; 3. Jesus cura; e 4. Jesus voltará.

IGREJA PENTECOSTAL DEUS É AMOR

Esta denominação teve origem em 3 de junho de 1962 por intermédio do missionário David Martins Miranda (1936-2015) na cidade de São Paulo, onde se situa o *Templo da Glória de Deus*, a sede mundial da igreja. A partir da década de 1970, a igreja ganhou muitos adeptos por divulgar os milagres de cura que aconteciam nos seus cultos radiofônicos, principalmente através do programa "A Voz da Libertação", transmitido há mais de 50 anos.

O Pentecostalismo de segunda onda caracterizou-se também pela pregação no rádio, até porque esse era o principal meio de comunicação entre as décadas de 1950 e 1970. Além de um corpo doutrinário, esta denominação tem um regulamento rígido que proíbe que os fiéis assistam televisão – esta era uma novidade no Brasil quando a igreja começou –, consumam bebidas alcoólicas e façam tatuagens.

IGREJA EVANGÉLICA PENTECOSTAL
O BRASIL PARA CRISTO

Esta igreja teve início em 1955, em São Paulo, quando Manoel de Mello e Silva (1929-90), pastor da Igreja do Evangelho Quadrangular, teve uma visão em que o próprio Jesus teria aparecido e o convocado para criar um movimento de avivamento espiritual, evangelização e cura divina. Inclusive, na própria visão, Jesus teria dito para o pastor Manoel que esse novo movimento deveria se chamar *O Brasil para Cristo*. Ela também foi uma das pioneiras da difusão de programas evangélicos através do rádio, mantendo no ar por mais de duas décadas o programa "A Voz do Brasil para Cristo".

IGREJA TABERNÁCULO EVANGÉLICO DE JESUS (ITEJ)

Esta denominação é comumente conhecida como *Casa da Bênção*. Ela teve início em 9 de julho de 1964, em Belo Horizonte, Minas Gerais, liderada pelo casal Doriel de Oliveira e Ruth Brunelli de Oliveira, pastores da Igreja Evangélica Pentecostal O Brasil para Cristo. Em 1969, após estabelecerem 40 congregações na região metropolitana de Belo Horizonte, o casal se mudou para o Distrito Federal e, em 1985, inaugurou a sede mundial em Taguatinga, conhecida como *Catedral da Bênção*.

TABERNÁCULO DA FÉ

Em 1968, Joaquim Gonçalves Silva se converteu em Brasília e se mudou para Goiânia, onde começou a pregar. Vendeu, então, sua casa para colocar no ar um programa evangélico diário na rádio Jornal de Goiás, onde fazia pregações de cura e libertação. Também começou a pregar na porta do Mercado Municipal da cidade. No dia 18 de maio, alugou um casarão no Centro da cidade, que tinha sido lugar de benefício de arroz, dando início à nova igreja. Daí o nome *Tabernáculo*, pois a igreja se reunia em condição extremamente rústica. Em 1973, finalmente a igreja conseguiu se reunir num outro galpão – que se encontrava em situação bem melhor, mas mantendo a ideia de tabernáculo. Desde então, a igreja foi se expandindo para todo o Brasil.

IGREJA CRISTÃ NOVA VIDA

Concebida pelo pastor canadense Robert McAlister, no início tinha o nome de *Igreja Pentecostal de Nova Vida*. Em 2008, passou a se chamar *Igreja Cristã Nova Vida*. Não há uma data específica para a origem da denominação, pois foi fruto de um processo.

McAlister chegou ao Rio de Janeiro em 1959 e, no ano seguinte, estreou um programa na rádio Copacabana para pregação. Inicialmente não era seu intuito começar uma nova igreja, tanto que, nas transmissões de rádio, falava para as pessoas procurarem uma boa igreja evangélica perto de casa. Somente a partir de 1961 é que McAlister alugou um lugar fixo e começou a reunir pessoas, dando início a um trabalho que viria ser a atual denominação.

A Igreja Cristã Nova Vida se apresenta como uma denominação de orientação pentecostal reformada, isto é, seus fiéis acreditam tanto em doutrinas calvinistas (predestinação), como em doutrinas pentecostais (dons espirituais sobrenaturais). Em 1964, a igreja fundou sua sede no bairro carioca de Bonsucesso, transferindo-a para Botafogo, em 1971, onde está atualmente. Seu fundador faleceu em 1993 de problemas cardíacos.

IGREJA UNIDA

Tem sua origem em São Paulo, em 12 de junho de 1963, pelas mãos do pastor Luís Schiliró. Em 1992, ela organizou a *Convenção Unida Internacional*, uma associação que reúne todas as suas congregações. O lema, estampado na sua logomarca, é a frase "O mundo para Cristo", na frente de um globo terrestre. O nome veio da junção de

CAPÍTULO TRÊS: OS EVANGÉLICOS CHEGAM AO BRASIL

outras três congregações: Igreja Cristã Pentecostal Cura Divina, Igreja Evangélica do Povo e Igreja Cristã Evangélica Unida.

IGREJA PENTECOSTAL UNIDA DO BRASIL

Diferentemente da anterior, esta não é nacional, mas fruto do trabalho de missionários vindos dos Estados Unidos. A sede internacional se localiza no estado do Missouri. Foi concebida em 1945 e teve início no Brasil em 1957, na cidade de Porto Alegre, sob a responsabilidade do pastor Samuel Baker. A logomarca e o slogan se parecem com a anterior – também tem o globo ao fundo, porém traz a frase "O evangelho completo para o mundo inteiro". É uma das igrejas unicistas, que negam a doutrina da Trindade e acreditam que Deus é uma só pessoa, a qual, em diferentes momentos, se revelou de diferentes maneiras, como Pai, Filho ou Espírito Santo.

Os Protestantes Históricos Renovados dentro da Segunda Onda

Durante a denominada segunda onda do Pentecostalismo, as igrejas protestantes tradicionais sofreram divisões por grupos de membros que preferiram adotar a doutrina do Batismo no Espírito Santo como segunda bênção e respectivas manifestações sobrenaturais de dons espirituais. Essas denominações receberam o nome de *renovadas*. Assim, praticamente, para cada denominação protestante tradicional há a sua congênere renovada. Neste subtítulo, abordaremos exclusivamente as versões renovadas das denominações tradicionais que surgiram no Brasil. As outras denominações renovadas, que surgiram a partir de movimentos pentecostais dentro das protestantes tradicionais, nos Estados Unidos, como a Igreja de Deus e a Igreja do Nazareno, nós já abordamos nos itens anteriores.

Dos batistas tem-se o surgimento da *Convenção Batista Nacional*, pentecostal, como cisma da *Convenção Batista Brasileira*, tradicional.

Também, à época, houve a consolidação das Igrejas Batistas Independentes. Dos presbiterianos surgiu a *Igreja Presbiteriana Renovada do Brasil*. Dos metodistas surgiram, em solo brasileiro – como vimos, nos Estados Unidos, dos metodistas já havia surgido a Igreja de Deus –, a *Igreja Metodista Wesleyana* e a *Igreja do Nazareno*. Entre o ramo dos congregacionais – novamente, não confunda os congregacionais com a Congregação Cristã no Brasil – surgiram a *Igreja Cristã Evangélica Renovada* e a *Aliança das Igrejas Evangélicas Congregacionais do Brasil*. Adiante também surgirá, da Igreja Cristã Evangélica, a *Igreja Luz para os Povos*, que se encaixará no ramo neopentecostal. Vejamos um pouco mais sobre cada uma.

CONVENÇÃO BATISTA NACIONAL

Após 58 anos da organização da Convenção Batista Brasileira, em 1965, ocorreu a grande divisão com as igrejas que adotaram a doutrina do batismo no Espírito Santo como segunda bênção e a manifestação sobrenatural dos dons espirituais. Inicialmente, 32 igrejas, a maioria em Minas Gerais, decidiram pela doutrina pentecostal, em detrimento da tradição batista. No ano seguinte, o número de igrejas dissidentes chegou a 52, formando a *Ação Missionária Evangélica*, que, em 1967, tornou-se a *Convenção Batista Nacional*. Até hoje, a principal divisão batista no Brasil ocorre entre as convenções Brasileira e Nacional, sendo que esta se baseia na doutrina pentecostal, enquanto a outra permanece na denominada doutrina tradicional. A *Igreja Batista da Lagoinha*, de Belo Horizonte, que ficou famosa a partir da década de 1990, por intermédio do grupo Diante do Trono, foi uma das que lideraram o rompimento. Também se destacou a *Igreja Batista do Povo*, no bairro da Vila Mariana, São Paulo, liderada pelo pastor e teólogo Enéas Tognini (1914-2015).

CAPÍTULO TRÊS: OS EVANGÉLICOS CHEGAM AO BRASIL

IGREJA PRESBITERIANA RENOVADA DO BRASIL

Em 8 de janeiro de 1975, duas igrejas presbiterianas que haviam aderido ao movimento pentecostal – em Cianorte, Paraná, uma igreja rompeu com a Igreja Presbiteriana do Brasil, e em Assis, São Paulo, uma igreja rompeu com a Igreja Presbiteriana Independente – se uniram numa assembleia na cidade de Maringá, Paraná, para formar uma nova denominação: a *Igreja Presbiteriana Renovada do Brasil*, que segue o Calvinismo contido na Confissão de Fé de Westminster e as doutrinas pentecostais.

IGREJA METODISTA WESLEYANA

Essa dissidência metodista teve início em 5 de janeiro de 1967, no Rio de Janeiro, quando pastores da Igreja Metodista do Brasil fizeram uma reunião paralela para organizar uma nova denominação pentecostal. A *Igreja Metodista Wesleyana* é a denominação pentecostal mais progressista entre os evangélicos. A razão disso é a herança metodista de preocupação com as questões sociais intrincada na sua identidade.

ALIANÇA DAS IGREJAS EVANGÉLICAS CONGREGACIONAIS DO BRASIL

Em 1959, uma Igreja Congregacional em João Pessoa, Paraíba, encetou um movimento de adesão ao movimento pentecostal, dando início a um movimento interno que ficou conhecido como *Movimento de Renovação Espiritual*. A partir desse movimento, outras igrejas, no Nordeste, foram aderindo e, assim, no dia 21 de julho de 1967, nascia a *Aliança das Igrejas Evangélicas Congregacionais do Brasil*, num congresso realizado em Feira de Santana, Bahia.

IGREJA CRISTÃ MARANATA

Esta denominação surgiu em 31 de outubro de 1967, a partir de uma dissidência da Primeira Igreja Presbiteriana em Vila Velha, Espírito Santo, também por questões de adesão de um grupo à doutrina pentecostal. A dissidência foi liderada pelos pastores Manoel dos Passos Barros e Edward Hemming Dodd. *Maranata* é uma expressão em aramaico que significa "vem, Senhor" e é usada pelos evangélicos para se referir ao período em que aguardam o retorno de Jesus. Nesse sentido, é o mesmo que *advento*, que nomeia a Igreja Adventista. A escolha do nome *Igreja Cristã Maranata* está ligada ao lema da denominação, "Maranata, o Senhor Jesus vem!".

Os Pentecostais de Terceira Onda ou Neopentecostais

O Neopentecostalismo é considerado a terceira onda do movimento evangélico pentecostal. O marco data a partir de meados da década de 1970. Porém, várias classificações erram ao reduzir essa análise ao critério cronológico e reunir, dentro do mesmo espectro, grupos tão diferentes só porque começaram na mesma época. Dessa forma, são igrejas neopentecostais aquelas que – além das características do Pentecostalismo de primeira e segunda ondas, conforme a doutrina do batismo no Espírito Santo como segunda experiência após a conversão, manifesta em dons espirituais sobrenaturais, como línguas estranhas, curas e profecias – acrescentaram as seguintes características:

- *São personalistas* – Em geral, tais denominações surgiram a partir do trabalho de uma liderança que permanece como absoluta, uma espécie de "dona" da igreja. Nessas igrejas, diferentemente das anteriores, o líder tem a palavra final – acima de qualquer assembleia ou conselho.
- *Militância midiática* – Essas denominações foram pioneiras em realizar um trabalho midiático massivo, principalmente

CAPÍTULO TRÊS: OS EVANGÉLICOS CHEGAM AO BRASIL

através da televisão. Ainda que outras denominações também tenham inserção midiática – e, em parte, aprenderam com o movimento neopentecostal, inclusive os protestantes tradicionais –, os neopentecostais dão muita ênfase, inclusive com agressivas campanhas financeiras para sustentação de tais programas. Além disso, enquanto em outras denominações a inserção midiática é somente mais um ministério, no movimento neopentecostal ela é uma prioridade, tornando-se quase ou praticamente uma coluna de sustentação da denominação, que teria enorme dificuldade de manter uma expansão numérica exponencial sem ela.

- *Militância política* – Desde o seu surgimento, as lideranças neopentecostais se caracterizam por se aproximar de governantes/partidos políticos, e lançar candidatos próprios, utilizando a estrutura denominacional como comitê partidário durante as eleições.
- *Teologia da Prosperidade* – Apesar de ser um tema muito controverso, como veremos no próximo capítulo, a imensa maioria das igrejas neopentecostais é adepta da ideia de que o cristão deve prosperar, principalmente na vida financeira.
- *Células* – Também veremos adiante no que exatamente se constitui essa ideia. Aqui, cabe ressaltar que é bem difícil uma igreja neopentecostal não fazer uso dessa estratégia para crescimento numérico.
- *Ênfase no ministério jovem* – Uma das características dessas igrejas é que elas criaram estratégias atraentes para jovens e adolescentes que não se interessavam pelas igrejas protestantes tradicionais, como cultos e eventos com estilo despojado e informal, com muita música e acolhimento. Atrair jovens e adolescentes foi uma estratégia fundamental para o crescimento e consolidação dessas denominações.
- *Totalitarismo* – Essas denominações exercem um rígido controle sobre a vida particular de seus membros. Um exemplo é

a prática da corte, em que um casal só pode namorar sob a supervisão de um líder espiritual.

Certas denominações, contudo, além de todas essas características, ainda acrescentaram o *sincretismo*. Em termos introdutórios, o sincretismo pode ser definido como a fusão de diferentes doutrinas – inclusive antagônicas – dentro de uma mesma corrente religiosa, a partir da reinterpretação do seu significado. Um exemplo é que tais denominações, por exemplo, não negam a doutrina das religiões africanas, como a existência de orixás no Candomblé, mas dizem que, na verdade, são demônios que precisam ser expelidos.

Dessa forma, apesar de todas as igrejas evangélicas acreditarem na figura do Diabo e na possibilidade de possessão demoníaca, ainda que evento extremamente raro, essas igrejas sincréticas exageram e fazem verdadeiros shows com o que seria uma suposta possessão que precisasse de exorcismo durante o culto. Por causa do sincretismo, elas não são aceitas como legítimas igrejas evangélicas pelas demais e são consideradas sectárias. Nós as apresentaremos como *paraevangélicas nacionais*: a Universal, a Internacional e a Mundial. Não devem ser confundidas com as paraevangélicas importadas, como a Igreja Adventista, as Testemunhas de Jeová e os mórmons, que são sectárias por outros motivos e também não comungam com as práticas dessas igrejas.

Seria impossível sintetizar num único livro todas as igrejas neopentecostais, dado que são as que têm o maior número de denominações. Iremos nos deter em apresentar as maiores e mais antigas. No quadro das páginas 140-2, é possível ver uma lista mais completa para quem desejar realizar pesquisas.

IGREJA APOSTÓLICA RENASCER EM CRISTO

Fundada em 1986, em São Paulo, pelo casal Estevam e Sônia Hernandes. Foi uma das primeiras igrejas a usar o termo *apóstolo* para

CAPÍTULO TRÊS: OS EVANGÉLICOS CHEGAM AO BRASIL

o seu líder. Falaremos disso no próximo capítulo. A *Renascer* foi a idealizadora do evento *Marcha para Jesus*. No auge, na década de 1990, chegou a ter mais de 1.200 congregações espalhadas pelo país, mas enfrentou uma série de desgastes e uma crise financeira intensificada a partir da segunda década dos anos 2000, o que resultou em um progressivo esvaziamento. Em 2007, o casal idealizador foi preso em Miami por ocultar 56 mil dólares, parte numa Bíblia. Em 2012, ambos foram absolvidos pelo Supremo Tribunal Federal, mesmo tendo sido acusados de falsidade ideológica, organização criminosa, lavagem de dinheiro e estelionato.

IGREJA DE CRISTO INTERNACIONAL

Conhecida pelo termo em inglês *International Church of Christ* ou pela sigla *ICoC*, foi iniciada em 1979, na cidade de Lexington, Massachusetts, por um rapaz chamado Kip McKean. Ela chegou ao Brasil em maio de 1987, quando quinze jovens de Nova York implantaram uma congregação em São Paulo. A partir dali, foram crescendo e abrindo novas congregações em vários lugares do Brasil.

IGREJA APOSTÓLICA FONTE DA VIDA

Foi criada pelo casal apóstolo César Augusto e bispa Rúbia de Sousa, em Goiânia, em 1976, após deixarem a Primeira Igreja Presbiteriana de Goiânia e adotarem os pressupostos neopentecostais, como fez o casal Hernandes com a Igreja Renascer em São Paulo.

COMUNIDADE EVANGÉLICA SARA NOSSA TERRA

Em 1976, o então presbiteriano, professor de Física na Universidade Federal de Goiás, Robson Rodovalho, fazia parte do grupo inicial que deu origem à *Comunidade Evangélica de Goiânia* com o casal César Augusto e Rúbia de Sousa. Esta comunidade neopentecostal mudou de nome para *Ministério Comunidade Cristã* e, finalmente, *Igreja Apostólica Fonte da Vida*. Em 1992, porém, Robson Rodovalho e sua esposa, Maria Lúcia Rodovalho, romperam com o grupo e fundaram a *Comunidade Evangélica Sara Nossa Terra*, em Brasília. A denominação ficou conhecida pela ênfase que dava aos cultos voltados para os jovens, com o nome de *Arena Jovem*. E é a proprietária da Sara Brasil FM, atualmente uma das maiores rádios evangélicas do país.

COMUNIDADE CRISTÃ PAZ E VIDA

Esta denominação neopentecostal teve sua origem no ano de 1982, em São Paulo, pelo pastor Juanribe Pagliarin, até então membro da Igreja do Evangelho Quadrangular. A igreja foi muito divulgada na mídia quando o pastor escreveu uma carta aberta ao Papa Francisco, relatando sua desaprovação ao uso de verbas públicas para a realização do evento católico Jornada Mundial da Juventude (JMJ). Desde então, a igreja alcançou notoriedade.

IGREJA LUZ PARA OS POVOS

Em 1987, Sinomar Fernandes Silveira, juntamente com a esposa, Elizabeth Fernandes, liderou a congregação da Igreja Cristã Evangélica do bairro da Fama, um polo de lojas de confecção em Goiânia, onde era pastor, para uma nova denominação de características neopentecostais.

IGREJA VIDEIRA

Criada em 1997, em Goiânia, Goiás, pelo pastor Aluízio A. Silva, como dissidência da Igreja Luz para os Povos. A partir do ano 2000, como estratégia para atrair jovens, a igreja passou a realizar a *Conferência Radicais Livres*, reunindo nomes famosos do meio evangélico para o público que lotava os estádios.

CAPÍTULO TRÊS: OS EVANGÉLICOS CHEGAM AO BRASIL

BOLA DE NEVE CHURCH

Esta igreja foi instituída em 1999, em São Paulo, por Rinaldo Luis de Seixas Pereira, um surfista formado em marketing. É conhecida como uma igreja bastante excêntrica quando comparada ao formato das demais, por ter sua imagem associada à prática de esportes radicais. Dessa forma, muitos templos são galpões pretos e têm o característico púlpito em forma de prancha de surfe. A *Bola de Neve Church* evita definições doutrinárias e outros aspectos burocráticos que, no seu entender, podem passar a imagem de religiosidade. A ideia é que as pessoas que aderirem ao seu estilo de culto possam permanecer livres.

INSTITUTO VIDA PARA TODOS

Esta é uma daquelas denominações que tentam se libertar de amarras burocráticas e reviver a simplicidade da vida dos primeiros cristãos. O principal aspecto disso é que suas igrejas não têm absolutamente nenhum nome. O lugar onde se reúnem é identificado apenas pelo nome "Igreja em", seguida pelo nome da cidade. A ideia é que formem uma congregação aos moldes da Igreja Primitiva, em que não havia denominação, como se pudesse existir uniformidade dentro do Cristianismo. O movimento foi instaurado por um pastor chinês chamado Dong Yu Lan, mais conhecido como Irmão Dong.

Dong Yu Lan (1920-2017) nasceu na China e se converteu ao Cristianismo em 1955, por meio do ministério do pastor Watchman Nee (1903-72). Durante seu ministério, Dong começou a pregar a doutrina espiritualista, segundo a qual a obra de Deus é realizada pelo seu Espírito e não por dogmas impraticáveis ou doutrinas mortas. Então, Dong teve uma visão de que deveria iniciar um ministério na América do Sul. Por isso, em 1960, ele, sua esposa e seus seis filhos chegaram ao Brasil. Apesar de inicialmente ter se estabelecido na cidade de São Paulo, a primeira igreja teve início com um grupo de jovens em Ribeirão Preto e se expandiu a partir do interior paulista.

Os Paraevangélicos

Como vimos até aqui, o grupo que chamamos *evangélicos* é muito grande, o que torna bastante difícil dar uma definição que consiga abarcar todas as suas características. A melhor maneira de definir quem são os evangélicos é dizendo quem eles *não são*. Em outras palavras, os evangélicos são cristãos que não se identificam como católicos, nem como ortodoxos, nem como espíritas. Além disso, os evangélicos são cristãos que desenvolvem uma relação direta com a Bíblia, pois acreditam que a leitura e a interpretação direta que cada um faz é suficiente para definir a sua fé, não necessitando da tradição para legitimar qual é a interpretação correta e qual é a errada. Essa é a razão pela qual existem tantas denominações diferentes, cada qual dizendo ser a detentora da interpretação correta e verdadeira.

Porém, entre os evangélicos, há um grupo que, neste livro, chamaremos de *paraevangélicos*, pois não são reconhecidos como legítimos pela maioria dos grupos evangélicos: a Igreja Universal e suas imitações, os mórmons, as Testemunhas de Jeová e os adventistas. Uma definição inicial deste grupo poderia ser: *os paraevangélicos são grupos que parecem evangélicos, mas não o são de fato*. E por que não são? Porque *não são reconhecidos pela maioria dos evangélicos como sendo evangélicos autênticos*. E, na verdade, nem buscam ou desejam tal reconhecimento. São grupos *sectários*.

Um grupo é considerado sectário quando não aceita se misturar com os demais de forma alguma. Consideram-se os verdadeiros possuidores exclusivos da verdade contra os demais, que estão perdidos em doutrinas falsas. Por essa razão, a maioria dos demais evangélicos também acaba não querendo se misturar com eles. É o clássico relacionamento das Testemunhas de Jeová e mórmons com os demais, como os presbiterianos e os batistas, por exemplo.

Além do mais, a doutrina que grupos sectários pregam é muito diferente e distante dos demais grupos evangélicos. Para Testemunhas de Jeová e adventistas, não existe a doutrina da Trindade. Deus

CAPÍTULO TRÊS: OS EVANGÉLICOS CHEGAM AO BRASIL

é um só e Jesus, a primeira criação de Deus Pai. Para as Testemunhas de Jeová, Jesus morreu numa estaca, e não numa cruz, e não comemoram aniversários. A relação desse grupo com a Reforma Protestante é nula. O principal motivo disso é que vão contra um dos principais lemas dos reformadores, o *Solla Scriptura*, ou seja, somente a Bíblia como regra de fé, pois adotam outros livros como verdade revelada, cuja autoridade espiritual, para eles, está em pé de igualdade com a Bíblia. Os mórmons, por exemplo, consideram o *Livro de Mórmon* tão sagrado e revelador como a Bíblia. Para os demais evangélicos, isso é considerado herético.

Mas uma forma bem prática de reconhecer esses grupos é que eles são, atualmente, conhecidos como aqueles que vão de casa em casa, batendo às portas para pregarem sua doutrina. Isso já se tornou tão assíduo no cotidiano da sociedade brasileira que virou alvo de inúmeras piadas. Os mórmons são os mais característicos de todos, pois andam sempre em dupla (um brasileiro e um estrangeiro), usando camisa social branca e gravata. O termo técnico para essa prática é *proselitismo*.

Antes, vamos apresentar corretamente o nome de cada um deles, que é diferente do nome pelo qual são popularmente conhecidos. E, para facilitar, vamos dividi-los em *paraevangélicos importados* e *paraevangélicos nacionais*. Os primeiros chegaram ao Brasil por intermédio de missionários vindos dos Estados Unidos. Uma vez em solo brasileiro, começaram a pregar para as pessoas e conquistar adeptos: mórmons, Testemunhas de Jeová e adventistas. Já os paraevangélicos nacionais são aqueles que foram criados no Brasil mesmo: a *Igreja Universal do Reino de Deus*, a *Igreja Internacional da Graça de Deus* e a *Igreja Mundial do Poder de Deus*.

Algumas religiões, como a messiânica com a sua *Igreja Messiânica Mundial do Brasil*, não fazem parte da lista porque não têm nada a ver com o Cristianismo. Conhecida por suas células denominadas *Johrei Center*, seguem os ensinamentos de Mokiti Okada, seu messias. O termo *messiânico*, portanto, nada tem a ver com Jesus.

Os Paraevangélicos Importados

Por que os demais segmentos evangélicos não consideram esses grupos como evangélicos legítimos? Primeiro, por causa de algumas doutrinas. Uma delas é a chamada *doutrina unitarista*, que nega a doutrina da Trindade. Isto é, para a maioria dos cristãos no mundo todo, Deus se divide em três pessoas: Deus Pai, Deus Filho e Deus Espírito Santo, mesmo sendo a mesma pessoa. Para os mórmons, as Testemunhas de Jeová e os adventistas, a doutrina da Trindade é um erro, já que não está expressamente descrita na Bíblia. Não existe a palavra *Trindade* na Bíblia. Os demais cristãos e evangélicos argumentam que, ainda que a palavra não esteja clara e expressa na Bíblia, é possível notar a existência da Trindade pela manifestação de cada uma das três pessoas. Em geral, os cristãos consideram a doutrina da Trindade uma doutrina fundamental, que não pode ser negociada e, por essa razão, quem nega a existência da Trindade é considerado por eles seguidor de uma seita.

Os cristãos que não acreditam na Trindade são chamados *sabelianos, modalistas, unitaristas* ou *unicistas*. Há uma diferença entre ser eterno e ser imortal. Enquanto o imortal é aquele que não tem fim, o eterno não tem fim nem começo. Assim, Jesus ser coeterno significa que ele, como Deus Pai, não teve início. Não ser coeterno significa que Jesus teria tido um começo, isto é, seria imortal, mas não eterno. Para alguns unitaristas, Jesus não é eterno, mas a primeira criação de Deus. Para outros, Jesus não é outra pessoa, mas uma maneira diferente de Deus se manifestar.

Aqui precisamos ter muito cuidado com o termo *seita*. O significado dessa palavra na Sociologia é diferente do significado na Teologia. Enquanto na Teologia o termo é um juízo de valor utilizado por determinados grupos para se referir aos outros grupos que eles consideram errados, na Sociologia é um conceito utilizado para se referir a determinados grupos sociais de acordo com o número de participantes e a relação deles com a sociedade.

Por exemplo, é comum que batistas e presbiterianos, do ponto de vista teológico, chamem as Testemunhas de Jeová e os mórmons

CAPÍTULO TRÊS: OS EVANGÉLICOS CHEGAM AO BRASIL

de seitas. Isso ocorre porque, para batistas e presbiteranos, as Testemunhas de Jeová e os mórmons têm práticas que não são condizentes com a interpretação tradicional que os protestantes fazem da Bíblia. Já do ponto de vista sociológico, o termo *seita* desenvolvido pelo sociólogo alemão Max Weber faz alusão a um grupo que rompeu com uma religião maior e mais antiga, e criou uma religião nova e com menos grupos de adeptos, geralmente liderados pelo que Weber chama de *líder carismático*, um líder que não precisa estar legitimado pela tradição para ter apoiadores. Nesse sentido, toda religião, antes de crescer, um dia já foi uma seita.

Da mesma forma, precisamos ter cuidado com o termo *herético* ou *heresia*. O significado na História é diferente do significado na Teologia. Na Idade Média, a Igreja Católica chamava *heresia* toda pregação que fosse contrária ao dogma oficial estabelecido pela Igreja, onde o papa tinha a palavra final. Herético era aquele que pregava a heresia, aquele que era considerado a mais perigosa influência. Isto porque, enquanto uma pessoa de outra religião ainda poderia ser convencida do contrário, o herético era aquele que já havia conhecido a fé cristã e, mesmo assim, se desviara dela. A Igreja Católica, inclusive, criou o Tribunal do Santo Ofício, conhecido popularmente como *Inquisição*, para investigar, corrigir e punir os heréticos. Hoje em dia, porém, o termo é fluido e relativo, pois cada igreja ou denominação chama *herético* aquele que prega algo diferente daquilo em que ela acredita. Muitas denominações consolidadas hoje em dia, no passado foram heresias aos olhos da Igreja Católica. A própria Reforma Protestante foi um movimento herético que, ao contrário dos movimentos anteriores, a Igreja Católica não conseguiu sufocar.

Como dissemos, sempre que vamos estudar um grupo evangélico, precisamos partir do que cada um fala sobre si mesmo, e não o que os "inimigos" falam sobre ele. São análises preconceituosas que acabam divulgando fake news acerca de determinadas religiões. A mais famosa, nesse caso, talvez seja o mito de que os mórmons defendem a poligamia. Isso ocorreu pontualmente no início do movimento no século 19, mas não é uma doutrina hoje em dia, assim como não é praticada em nenhum lugar do mundo.

Outro problema é a confusão que se faz a respeito deles. Uma clássica é: "Qual a religião que proíbe a transfusão de sangue?". Não se confunda mais: são as Testemunhas de Jeová. Além disso, há práticas que são comuns: por exemplo, tanto a Congregação Cristã no Brasil, como as Testemunhas de Jeová e a Igreja Adventista proíbem que as mulheres vistam calças. Já a Congregação Cristã no Brasil proíbe que as mulheres cortem o cabelo e exige que elas usem um véu no culto. Por fim, a Igreja Adventista proíbe que as mulheres usem joias.

A IGREJA DE JESUS CRISTO DOS SANTOS DOS ÚLTIMOS DIAS

A *Igreja dos Mórmons*, como é popularmente conhecida mundo afora, começou em 1820, nos Estados Unidos, quando um jovem chamado Joseph Smith alegou ter tido a visão de um anjo denominado Moroni, que revelara a ele onde estavam enterradas algumas placas de ouro. Essas placas possuíam relatos, escritos por um profeta chamado Mórmon a respeito da vinda de Jesus para a América logo após seu ministério em Israel e antes de subir para o Céu. Smith transcreveu esses escritos para um livro que deu origem ao *Livro de Mórmon*, considerado por essa igreja uma espécie de Terceiro Testamento da Bíblia, principal razão pela qual ela não é aceita pelas demais correntes protestantes.

Em 6 de abril de 1830, em decorrência de tais acontecimentos, foi instituída a *Igreja de Jesus Cristo dos Santos dos Últimos Dias* na cidade de Fayette, Nova York. A nova igreja sofreu fortes perseguições, que a forçaram a se deslocar rumo ao Oeste, estabelecendo-se onde atualmente é o Utah, considerado um estado de mórmons. Na cidade de Salt Lake City, foi construído um gigantesco templo que é a sede mundial da igreja. Eles também ficaram conhecidos pela figura do *élder*, um missionário que viaja sempre em dupla, de casa em casa, pregando para aumentar a adesão de novos membros.

A igreja chegou ao Brasil em 1923, por intermédio de um grupo de imigrantes alemães mórmons em Ipomeia, Santa Catarina, os quais escreveram para a sede da igreja solicitando apoio. Em 17 de setembro de 1928, chegaram os dois primeiros missionários, os élderes Schindler e Heinz, também alemães. Assim, os cultos ficavam restritos aos colonos. Em 1939, estourou a Segunda Guerra Mundial, e um decreto do governo brasileiro proibiu que o idioma alemão fosse falado no Brasil, o que acabou forçando a realização de cultos em português e a tradução do *Livro de Mórmon*. Com o término da Guerra, a igreja nos Estados Unidos começou a enviar novos missionários mórmons, iniciando aqui seus trabalhos com a chegada do élder Harold M. Rex, em 1946. A partir daí, os mórmons se expandiram no Brasil, contando atualmente com inúmeros templos espalhados por diversas cidades. Seus templos têm como características serem ecléticos, funcionais, monumentais e austeros. Podem ser reconhecidos pela torre central com uma escultura do anjo Moroni no topo.

IGREJA DE JESUS CRISTO BICKERTONITA

Esta religião surgiu a partir de uma dissidência da igreja anterior, e sua sede se localiza em Monongahela, Pensilvânia. A divisão aconteceu quando o profeta Joseph Smith morreu, em 1844, 14 anos após fundar sua igreja. Os bickertonitas defendiam, então, que o legítimo sucessor deveria ser Sidney Rigdon, e não Brigham Young, que acabou se tornando o líder da Igreja de Jesus Cristo dos Santos dos Últimos Dias. O nome se deve ao discípulo de Sidney Rigdon, William Bickerton, que deu continuidade ao movimento.

IGREJA REORGANIZADA DE JESUS CRISTO DOS SANTOS DOS ÚLTIMOS DIAS

Também conhecida como *Comunidade de Cristo*, tem a sua sede em Independence, Missouri, e surgiu de uma dissidência que acreditava que a Igreja de Jesus Cristo dos Santos dos Últimos Dias tinha perdido sua essência original e precisava ser restaurada.

AS TESTEMUNHAS DE JEOVÁ

Este grupo que, à semelhança dos mórmons, é mundialmente conhecido pelas pessoas que vão de casa em casa pregando o Evangelho, surgiu, a partir de 1870, nos Estados Unidos, quando o pastor Charles Taze Russell e alguns seguidores formaram um grupo de estudo bíblico em Pittsburgh, Pensilvânia, e começaram a publicar alguns artigos no periódico *A Sentinela*. Em decorrência do sucesso do periódico, que se tornou uma revista internacionalmente famosa, Russell criou a *Sociedade Torre de Vigia* para administrar a publicação. Essa sociedade se tornou, então, uma sociedade cujos adeptos foram, a partir de 26 de julho de 1931, chamados *Testemunhas de Jeová*, em alusão ao texto bíblico de Isaías 43:10: "Vós sois minhas Testemunhas." Essa sociedade se tornou a maior pessoa jurídica do mundo, já que o local onde as diversas congregações se reúnem ao redor do planeta, conhecido como *Salão do Reino*, são diretamente ligados a ela.

As Testemunhas de Jeová estão envolvidas em diversas polêmicas. A primeira se deve ao fato de utilizarem uma tradução da Bíblia diferente da que é utilizada pelos demais evangélicos. Assim, a partir de tal tradução, acreditam que Jesus não é coeterno com Deus e nem é uma das três pessoas da Trindade, mas o Filho de Deus, isto é, a primeira criação do Deus Pai e que não morreu numa cruz, mas pregado numa estaca. Também não comemoram aniversários, pois consideram uma tradição pagã e porque também não há uma ordem na Bíblia para tal. A maior polêmica, entretanto, é a recusa de receberem transfusão de sangue. Elas acreditam ser errado por causa de passagens bíblicas, como Gênesis 9:4, Levítico 17:10, Deuteronômio 12:23, Atos 15:28-29 e Levítico 17:14. Isso tem gerado um problema jurídico em vários países, afinal, se uma testemunha de Jeová precisar de transfusão de sangue e os familiares se recusarem a fazê-lo, o Estado poderá intervir para salvar a sua vida?

As Testemunhas de Jeová chegaram ao Brasil em 1920, quando oito jovens marinheiros brasileiros tiveram contato com a doutrina na cidade de Nova York. Ao voltarem para o Brasil, continuaram se reunindo e começaram a pregar. Assim, pouco tempo depois, o missionário George Young foi enviado para consolidar e expandir o trabalho. Em 1923, foi oficialmente aberta a filial da Sociedade Torre de Vigia, no Rio de Janeiro. O material distribuído de casa em casa pelas Testemunhas de Jeová também pode ser reconhecido pelas ilustrações sobre o mundo vindouro, com a famosa imagem de pessoas felizes ao ar livre junto com animais carnívoros inofensivos.

A IGREJA ADVENTISTA DO SÉTIMO DIA

Podemos começar a história do Adventismo quando um protestante batista estadunidense, chamado William Miller (1782-1849), estava estudando a Bíblia e, após ler diversas profecias, como as que estão descritas no livro do profeta Daniel, calculou que Jesus voltaria à Terra em 22 de outubro de 1844 para o Juízo Final. A partir de então, começou a pregar na sua comunidade, para que as pessoas se arrependessem e se preparassem, conquistando um significativo número de seguidores entre os puritanos. No dia marcado, milhares de pessoas se reuniram para aguardar o tão esperado evento, que, como sabemos – pois cá estamos –, não só não se concretizou como ficou conhecido como o *Dia do Grande Desapontamento*. Por motivos óbvios, muita gente se frustrou.

Contudo, um grupo liderado pelo casal James e Ellen G. White entendeu que não se tratava do fato de que a profecia não tinha sido cumprida, mas que Miller havia confundido o evento. Os cálculos que fizera não se referiam à volta de Jesus, mas a eventos espirituais, como a purificação do Santuário Celestial, que marcaria o início do fim e o preparo para o grande Juízo Final. Assim, no ano seguinte, o grupo realizou uma conferência em Albany para marcar o começo da Igreja Adventista – termo que faz referência à espera do retorno de

Jesus. Porém, o nome definitivo – Igreja Adventista do Sétimo Dia, por causa da observância do sábado, e não do domingo, como dia santo – só foi adotado em 21 de maio de 1863, data oficial de início dessa denominação.

O motivo de algumas igrejas evangélicas não considerarem a Igreja Adventista uma igreja evangélica legítima se dá por causa dos escritos de Ellen G. White, que os demais ramos julgaram heréticos. White teve a primeira visão – de mais de 2.000 – em 1844; elas resultaram em mais de 200.000 páginas. Além de guardar o sábado e da recomendação para que as mulheres não usem joias, os adventistas também são conhecidos mundialmente pela ênfase na integridade do corpo e da saúde. Assim, como preceito religioso, recomendam o veganismo e o conteúdo de Levítico 11, como abstenção de carne de porco e frutos do mar, considerados impuros. Além do consumo de álcool, as igrejas também desestimulam que seus membros consumam refrigerante e café.

Os adventistas chegaram oficialmente no Brasil em 1893, por intermédio do missionário Alberto B. Stauffer, que começou a pregação em São Paulo. Apesar disso, a primeira Igreja Adventista do Sétimo Dia foi estabelecida em Gaspar Alto, Santa Catarina, em 1896. Os adventistas também dão muita ênfase à educação e, por isso, mantêm diversas escolas em vários lugares do mundo, inclusive no Brasil. A primeira escola adventista foi fundada em Curitiba, em 1896. Atualmente, os adventistas têm mais de 500 escolas no país. E, em 1996, entrou no ar o canal de televisão Novo Tempo.

IGREJA ADVENTISTA DA PROMESSA

Esta denominação teve início no dia 24 de janeiro de 1932, por João Augusto da Silveira, como dissidência pentecostal da Igreja Adventista do Sétimo Dia. Ela se considera a primeira igreja pentecostal genuinamente brasileira, já que, quando foi criada, as igrejas pentecostais haviam sofrido influência de missionários estrangeiros.

CAPÍTULO TRÊS: OS EVANGÉLICOS CHEGAM AO BRASIL

A Igreja Adventista da Promessa segue a mesma doutrina da Igreja Adventista do Sétimo Dia, como a observância do sábado, mas crê na doutrina do batismo no Espírito Santo como segunda bênção após a conversão.

As igrejas adventistas precisam ser tratadas como sectárias com bastante cautela. Apesar de algumas controvérsias que as tornam especiais em relação aos outros evangélicos, como a guarda do sábado, a negação da Trindade e do castigo eterno, e a observação de alguns preceitos do Antigo Testamento, como a interdição de certos alimentos, além da recomendação de que as mulheres não usem joias, a relação com os demais evangélicos tem suas proximidades. Do ponto de vista litúrgico, não há diferença prática. Um culto da Igreja Adventista do Sétimo Dia é exatamente igual a um culto de uma igreja protestante tradicional, ao passo que um culto da Igreja Adventista da Promessa é exatamente igual ao culto de qualquer outra Igreja Pentecostal de primeira ou segunda onda. Sem contar que as músicas adventistas são cantadas em todas as igrejas evangélicas, sobretudo por causa de sua excelente qualidade técnica, já que os adventistas dão muita ênfase à formação musical de seus membros.

IGREJA EVANGÉLICA CRISTO VIVE

Teve sua origem no Rio de Janeiro, em 1985, por intermédio do angolano Miguel Ângelo da Silva Ferreira, com o slogan *Crescendo em Graça*. Trata-se de uma igreja com doutrinas polêmicas que, por isso mesmo, sofre rejeição da maioria das demais igrejas evangélicas, que acusam esta denominação de colocar a palavra daqueles que hoje se intitulam apóstolos no mesmo nível de revelação da Bíblia. É considerada uma denominação paraevangélica importada porque muitas fontes evangélicas afirmam que seu fundador trouxe para o Brasil uma ideia que surgiu em Miami e era voltada para a comunidade latina, chamada *Ministerio Cresciendo en Gracias*, liderado por José Luiz de Jesus Miranda.

CIÊNCIA CRISTÃ

É um movimento religioso fundado por Mary Baker Eddy, em 1886, na cidade de Boston, Massachusetts, e se baseia no livro *Ciência e saúde com a chave das Escrituras*. Eddy dedicou mais de quarenta anos de vida estudando a Bíblia para tentar descobrir qual seria a metodologia de cura utilizada por Jesus e seus discípulos, conforme narrado na Bíblia. Uma vez que ela acreditou ter descoberto essa metodologia secreta, revelou-a no livro que citamos, que se tornou a base da igreja. Esta igreja chegou ao Brasil informalmente em 1910, em São Paulo, e, em 1914, já se encontrava consolidada. Seus cultos são realizados aos domingos, duram 1 hora e não têm clérigos; todos são leigos. Esta denominação cristã surgiu e chegou ao Brasil à época em que o mundo era dominado pela ideologia do Positivismo, que enaltecia o método científico. Não por acaso, é dessa mesma época o surgimento do Espiritismo kardecista – que se anuncia não só como religião, mas também como ciência – e da Igreja Positivista do Brasil, fundada em 11 de maio de 1881, no Rio de Janeiro, mas que nada tem a ver com o Cristianismo.

Os Paraevangélicos Nacionais

A Igreja Universal do Reino de Deus, a Igreja Internacional da Graça de Deus e a Igreja Mundial do Poder de Deus não são completamente aceitas pela maioria dos evangélicos como sendo evangélicas autênticas. O principal motivo, como vimos, é que elas são acusadas de sincretismo, pois incorporaram em seus cultos e doutrinas elementos do Candomblé e do Judaísmo, e ideias progressistas, como ser favorável ao aborto. Além disso, apesar de todas as denominações evangélicas acreditarem na existência do Diabo e na possibilidade de possessão demoníaca, criticam essas três igrejas por fazerem disso um espetáculo e pela frequência com que supostamente ocorrem tais possessões nos cultos. Associado a isso está o fato de que a IURD também é conhecida por promover a intolerância religiosa contra as religiões de matriz africana.

CAPÍTULO TRÊS: OS EVANGÉLICOS CHEGAM AO BRASIL

Além de tudo que já foi dito, os paraevangélicos nacionais são extremamente ambiciosos e gostam de demonstrar poder. Por isso, sempre utilizam nomes pomposos e majestosos, como universal, internacional ou mundial e, apesar de não se preocuparem muito com a estética dos templos espalhados pelos bairros, geralmente gostam de construir uma megaestrutura no coração das cidades para serem notados e admirados pela grandiosidade e pelo luxo.

Sobre isso, é característica também dessas igrejas não valorizar ou até mesmo ignorar qualquer preocupação estética, tanto na estrutura física, como no formato do culto e nas roupas. Enquanto a maioria das igrejas evangélicas procuram construir um lugar agradável para a celebração dos cultos, estudam e ensaiam para uma apresentação artística louvável e guardam a melhor roupa do armário para o culto de domingo, essas igrejas se reúnem em galpões, não enfatizam a parte artística do culto e geralmente os frequentadores comparecem aos cultos com a mesma roupa que realizam suas tarefas cotidianas.

Outra característica de tais igrejas, em contraste com as demais igrejas evangélicas, é que, enquanto estas abrem em dias e horários especiais para alguns cultos semanais – com ápice no culto dominical, as outras ficam o tempo todo abertas e celebram vários cultos ao longo da semana, praticamente todos os dias, inclusive em horários bem alternativos, como no meio da tarde. Também por causa disso, essas igrejas têm ausência de fidelidade. Isto é, enquanto a maior parte das igrejas evangélicas costuma cadastrar e catalogar seus membros, inclusive para documentar juridicamente quem tem direito a voto nas assembleias, nessas igrejas a frequência não é fixa, não há um rol de membros determinado, e muitos, inclusive, frequentam diferentes igrejas: participam de uma campanha de cura na Igreja Universal em uma semana, e na semana seguinte participam de outra campanha na Igreja Mundial, por exemplo.

Do ponto de vista sociológico, essas igrejas também têm como característica marcante o fato de construírem templos enormes em áreas nobres das cidades, embora o público-alvo sejam os membros das

A HISTÓRIA DOS EVANGÉLICOS PARA QUEM TEM PRESSA

classes econômicas menos favorecidas, com um discurso bem agressivo de prosperidade, cura e libertação, preferencialmente com transmissão através de programas de TV.

IGREJA UNIVERSAL DO REINO DE DEUS (IURD)

Foi criada em 9 de julho de 1977, no Rio de Janeiro, por Edir Macedo e Romildo Ribeiro Soares. A história do início desta igreja foi retratada em *Nada a Perder: Contra Tudo. Por Todos.* O filme estreou em 29 de março de 2018 e foi dirigido por Alexandre Avancini.

Edir Macedo era membro da Igreja Evangélica Nova Vida.

Em 1974, iniciaram o ministério Cruzada do Caminho Eterno que, resumidamente, três anos mais tarde, viria a se tornar a Igreja Universal. Para isso, Macedo e R.R. Soares alugaram um galpão no bairro da Abolição. A partir dali, com uma pregação sobre o poder de Deus para libertar a pessoa dos males espirituais, a IURD começou a se expandir. Dentro da Sociologia, a Igreja Universal é considerada um fenômeno, dado o seu meteórico crescimento, pois nenhuma outra igreja cresceu e se expandiu tão rápido, inclusive para o exterior.

A história da Igreja Universal é marcada por inúmeras controvérsias, o que faz dela a denominação mais polêmica entre o Cristianismo não católico do Brasil. Em 24 de maio de 1992, seu fundador, o bispo Macedo, foi acusado de charlatanismo e ficou 11 dias preso. Acabou sendo solto e o processo, arquivado por falta de provas. Em 1995, o *Jornal Nacional*, da TV Globo, levou ao ar uma reportagem em que veiculava um vídeo em que Edir Macedo aparecia ensinando outros pastores da igreja como ganhar dinheiro dos fiéis. Em 12 de outubro do mesmo ano, feriado católico nacional – dia de Nossa Senhora Aparecida, padroeira do Brasil –, Sérgio von Helder, à época bispo da Igreja Universal, apareceu no programa de TV *O Despertar da Fé* chutando uma imagem da santa católica, gerando enorme repercussão em toda a sociedade brasileira. Em 1998, o telhado de um templo em

CAPÍTULO TRÊS: OS EVANGÉLICOS CHEGAM AO BRASIL

Osasco, São Paulo, desabou, deixando mais de 24 pessoas mortas e 467 feridas. Há também polêmicas em outros países.

A Igreja Universal do Reino de Deus é a denominação com o maior investimento midiático. Em 1992, foi fundado o seu periódico semanal, *Folha Universal*, com circulação nacional e que, além de temas de interesse próprio e ligados diretamente com o meio evangélico, segue veiculando notícias do Brasil e do mundo como um jornal regular. A edição de 24 de agosto de 2008 afirmou que a apresentadora Xuxa Meneghel havia vendido sua alma ao Diabo por 100 milhões de dólares, o que rendeu uma ação judicial em que o referido jornal foi condenado a indenizá-la em 1,5 milhão de reais. Em 6 de junho de 1998, foi fundada a Rede Aleluia de Rádio, com 78 emissoras. Sete anos antes, a igreja já havia fundado a Line Records, uma gravadora de músicas evangélicas (gospel) que lançou vários artistas. Entre 1995 e 2007 a gravadora mantinha no ar o programa de TV *Gospel Line* para divulgar seus produtos.

Mas foi através da televisão que a militância midiática da igreja ficou mais conhecida, tanto no Brasil, como no exterior. Em 27 de setembro de 1953, o empresário Paulo Machado de Carvalho inaugurou em São Paulo a TV Record, canal 7, sendo a quarta emissora brasileira. O carro-chefe eram os programas musicais com nomes como Dorival Caymmi, Inezita Barroso e Adoniran Barbosa, além de fazer sucesso com programas como *Família Trapo* e *Repórter Esso*. Em 1969, o apresentador Silvio Santos comprou metade da emissora, que, no ano seguinte, transmitiu a Copa do Mundo no México, onde a Seleção Brasileira de Futebol se tornou tricampeã mundial. Em 1981, Silvio Santos fundou sua própria emissora, o SBT, deixando a Record em segundo plano. Devido à concorrência de outras emissoras que já tinham surgido, entrou numa fase de declínio. Com a crise instalada e dívidas milionárias, Paulo Machado de Carvalho e Silvio Santos decidiram vendê-la. Edir Macedo percebeu que era a oportunidade de a Igreja Universal ter emissora própria.

Logo após a aquisição da TV Record, a emissora passou por drásticas mudanças, com novas identidade visual e programação. Ao longo das duas décadas seguintes, ligada à IURD, a Record teve um crescimento considerável, formando atualmente o conglomerado Grupo Record, que, além da TV em canal aberto, também mantém a Record News e o site R7, além de inúmeras rádios. A partir de 2004, a emissora começou a produzir telenovelas, inclusive com temas bíblicos, muitos com a participação de atores que antes eram contratados da concorrente TV Globo, o que ajudou a aumentar ainda mais a sua audiência.

Desde que a Igreja Universal adquiriu a Record, ela e a Globo passaram por inúmeras disputas que ficaram conhecidas como guerras midiáticas. A TV Globo fazia uma denúncia contra a TV Record, a Igreja Universal ou o bispo Macedo em algum programa jornalístico e, na semana seguinte, a TV Record respondia, também em algum programa jornalístico, com denúncias contra a TV Globo e a família Marinho. Em 1995, a TV Globo colocou no ar uma minissérie chamada *Decadência*, que falava sobre um líder evangélico que explorava seus fiéis. A Record, dias depois, colocou no ar, no então programa *Vigésima Quinta Hora*, a relação da Globo com os militares durante a ditadura. Em 2020, as duas emissoras protagonizaram embates envolvendo a prefeitura do Rio de Janeiro.

Além da influência midiática, a Igreja Universal também tem participação direta na política nacional desde a redemocratização em 1985. Desde então, a cada eleição, o número de políticos ligados à IURD eleitos para diversos cargos só faz aumentar. Um desses políticos, muito famoso, é o bispo Marcelo Bezerra Crivella, que também é sobrinho do fundador, bispo Edir Macedo. Crivella foi eleito senador em 2002, reeleito em 2010 e eleito prefeito do Rio de Janeiro em 2016. A Igreja Universal também está ligada ao surgimento do partido Republicanos, de orientação centrista.

Em 8 de agosto de 2010, teve início mais um projeto ambicioso da Igreja Universal. O bispo Edir Macedo reuniu milhares de fiéis

CAPÍTULO TRÊS: OS EVANGÉLICOS CHEGAM AO BRASIL

num terreno no bairro do Brás, em São Paulo, para lançar a pedra fundamental do que viria a ser o *Templo de Salomão*, construído com material importado de Israel. Quatro anos depois, em 31 de julho, foi realizada a inauguração do templo, com a presença da presidente da República, do governador de São Paulo e com o prefeito da cidade de São Paulo, entre outras autoridades. O Templo de Salomão da Igreja Universal em São Paulo se propõe a ser uma réplica do seu homônimo no Antigo Testamento bíblico, apesar de ter dimensões muito maiores. O Templo, no bairro do Brás, ocupa uma área de 70 mil metros quadrados, com capacidade para 10 mil pessoas, com dois subsolos, estacionamento e estúdios.

IGREJA INTERNACIONAL DA GRAÇA DE DEUS

Foi criada em 9 de junho de 1980, no Rio de Janeiro, por Romildo Ribeiro Soares, o nacionalmente famoso missionário R.R. Soares, como dissidência da Igreja Universal – Soares é cunhado de Edir Macedo. Atualmente sua sede fica na avenida São João, na cidade de São Paulo, de onde os cultos são diariamente transmitidos pela TV. Sua doutrina e liturgia são parecidíssimas com as da Igreja Universal, apesar de seu fundador ser popularmente conhecido por uma oratória calma em contraste com a oratória exaltada, característica dos pastores neopentecostais.

Um dos motivos da Igreja da Graça não ser considerada evangélica de fato pelas demais denominações deve-se à ênfase exagerada no dom de curas. A Igreja da Graça acredita que o cristão não deve *pedir* pela cura, mas *determinar*. Determinar não significa ter arrogância, no sentido de dar ordens a Deus, mas ordenar ao Diabo que pare de agir negativamente, uma vez que, quando o cristão determina a cura, isso significa que Deus já a concedeu, conforme Isaías 53:4-5.

Ao mesmo tempo, a própria Igreja da Graça não se considera neopentecostal por não concordar plenamente com a doutrina da prosperidade, como é pregada entre os neopentecostais, ou seja, que todo cristão, necessariamente, precisa enriquecer como demonstração das bênçãos de Deus em sua vida.

Tal qual a Igreja Universal, a Igreja da Graça também tem forte presença midiática. Em 1º de dezembro de 1997, o missionário R.R. Soares lançou o programa *Show da Fé* para transmitir os cultos – e as curas que neles acontecem – pela televisão. O programa conta também com outros quadros, como *Novela da Vida Real* e *O Missionário Responde*, e é veiculado em horário nobre pela Band e pela Rede TV! Porém, em 13 de dezembro de 1999, a igreja lançou seu próprio canal, a Rede Internacional de Televisão (RIT TV). Em 2010, a igreja montou uma distribuidora de vídeos evangélicos chamada Graça Filmes. Um dos seus maiores sucessos de bilheteria foi o lançamento no Brasil do filme *Deus Não Está Morto!*, produzido em 2013 nos Estados Unidos. A igreja também é dona da gravadora Graça Music e da rede Nossa Rádio.

IGREJA MUNDIAL DO PODER DE DEUS

Esta denominação foi criada em 8 de março de 1998, em Sorocaba, São Paulo, pelo pastor Valdemiro Santiago, também como dissidência da Igreja Universal. Atualmente, a sede está localizada no bairro do Brás. Em 23 de dezembro de 2006, Valdemiro recebeu o título de apóstolo pelo bispo Josivaldo Batista. A estrutura dos cultos da Igreja Mundial é muito parecida com a da Igreja Universal e a da Igreja da Graça, com pregações e ênfase em curas. No dia 8 de janeiro de 2017, Valdemiro Santiago ganhou as manchetes dos jornais após sofrer um atentado, em que recebeu golpes no pescoço com um facão enferrujado. Foi socorrido e levou 20 pontos. A Igreja Mundial também tem envolvimento direto com a política partidária.

COMUNIDADE CAMINHO DA GRAÇA

Apesar de ter todas as características de uma denominação evangélica, o *Caminho da Graça* se apresenta como um movimento – e não

CAPÍTULO TRÊS: OS EVANGÉLICOS CHEGAM AO BRASIL

como uma igreja – para cristãos que se decepcionaram com as igrejas instituídas e passaram a não fazer parte de nenhuma delas. Ela não tem uma data concreta de fundação e começou em 2001 como consequência de um programa que o pastor Caio Fábio D'Araújo Filho – outrora pertencente à Igreja Presbiteriana do Brasil e sobre o qual falaremos novamente no próximo capítulo – veiculava pelo YouTube. A audiência do programa era formada, principalmente, por cristãos que se lembravam da militância de Caio Fábio durante as décadas de 1980 e 1990, como um dos primeiros evangélicos a veicular um programa evangélico na TV aberta. Através da internet, Caio Fábio abordava temas polêmicos e perguntas que seus telespectadores enviavam, sempre com respostas pouco convencionais ou ortodoxas. Por isso, é considerado herético pelas demais igrejas evangélicas. Para se distanciar da aparência denominacional, os lugares onde os adeptos da Comunidade Caminho da Graça se reúnem são chamados *estação*, e não templo, congregação ou igreja. E seu fundador acabou criando uma imagem excêntrica, aparecendo na internet com barba longa e vestimentas exóticas que lembram a figura de um profeta bíblico.

As Igrejas Autônomas

A todo momento surgem novas congregações locais, e nem sempre elas estão ligadas a alguma igreja ou denominação. Muitas vezes são iniciativa de um indivíduo ou de um grupo. Em nome da liberdade religiosa, o Estado não tem controle sobre isso e, na sua ausência, não há nenhum outro tipo de instituição com poder para efetuar controle. Além de não controlar, o Estado, em nome da liberdade religiosa, facilita. Do ponto de vista jurídico é fácil começar uma igreja no Brasil. A facilidade é tão grande que aproveitadores e charlatães acabam não podendo ser enquadrados como estelionatários, porque se justificam em nome da liberdade religiosa. O que é uma religião legítima e o que é um engodo? Como diferir uma da outra? Qual o limite autêntico para a liberdade religiosa? Não há respostas definidas para essas perguntas. Da mesma forma como não há para a seguinte pergunta: Quando uma igreja se torna uma denominação? Isto é, quando uma única igreja local, que começa num determinado endereço para alguns poucos fiéis, se expande a ponto de ser uma nova denominação? Aqui propomos, pelo menos, três indicativos. O primeiro e mais importante é o fator quantitativo. Quantas congregações locais e membros existem? Quanto mais congregações, maior o indicativo de que se trata de uma denominação, e não de uma igreja autônoma. Neste caso, é muito importante que a expansão tenha acontecido geograficamente e que a mesma congregação esteja presente, pelo menos, em mais de um Estado (que não seja limítrofe). O segundo aspecto é a estrutura: é importante que, além de se manter, aquele conjunto de igrejas tenha instituições paralelas para si e para promover a expansão, como editora, seminário, escolas, departamentos para o envio de missionários e alguns meios de comunicação. E o terceiro aspecto é que, além de um líder central, haja um corpo de doutrinas ou princípios bem definidos que todas as congregações locais sigam de forma padronizada a ponto de, se o líder principal e fundador morrer, essa declaração de princípios ou doutrinas seja suficiente para que um novo líder venha a ser escolhido e assuma o lugar, dando continuidade ao mesmo tipo de trabalho.

Algumas igrejas se constituem denominações, mesmo tendo um número muito reduzido de "sedes", pois chegaram ao Brasil através de sua congênere estrangeira. Neste caso, mesmo que sejam numericamente pequenas aqui, são denominações consideráveis em outros lugares do mundo. É o caso, por exemplo, dos anglicanos e menonitas. Ou, então, há denominações consideráveis no exterior que ainda não têm presença no Brasil, como a *Sociedade dos Amigos*, que é uma denominação quaker. Aqui, porém, estamos falando de igrejas que realmente surgiram no Brasil. Algumas se expandiram e se tornaram denominações. Outras continuaram como uma congregação local. A denominação também é identificada como sendo a instância máxima a que uma congregação está ligada no Brasil. Por exemplo,

CAPÍTULO TRÊS: OS EVANGÉLICOS CHEGAM AO BRASIL

a Igreja Batista da Lagoinha era uma igreja em Belo Horizonte, ligada à sua denominação, a Convenção Batista Nacional. Ela se expandiu e surgiram muitas congregações da Igreja Batista da Lagoinha pelo país. Se estiver ligada à Convenção Batista Nacional como última instância, então essa será a denominação dessa igreja. Porém, se ela romper e se tornar uma igreja autônoma, ampla e já estruturada no país, poderá ser classificada como uma nova denominação. É bem diferente, por exemplo, da Igreja Batista Getsêmani, também em Belo Horizonte. Apesar de rompida com a Convenção Batista Nacional, ela não pode ser considerada uma nova denominação, pois não tem congregações substanciais espalhadas pelo Brasil e ligadas diretamente a ela. Sendo assim, trata-se de uma igreja autônoma em Belo Horizonte.

É claro que a maioria das igrejas locais acaba não se expandindo a ponto de se tornar uma nova denominação. E o mais complicado é que não é possível classificar todas essas congregações locais autônomas como neopentecostais, como equivocadamente muitas vezes se faz. Inúmeras acabam surgindo com doutrinas que nada têm a ver com o Neopentecostalismo. Algumas, inclusive, surgem em torno de uma liturgia e doutrina mais próximas do Protestantismo histórico e tradicional. Por isso, essas igrejas precisam de uma classificação própria. Existem as denominações protestantes tradicionais, as pentecostais, as neopentecostais e as congregações autônomas. E cada congregação autônoma deve ser vista na sua individualidade, e não por meio de rótulos. Como já dissemos, elas devem ser vistas a partir de como se apresentam, e jamais pelo que outros, externos a elas, principalmente "inimigos", dizem que são.

Algumas igrejas começam de forma totalmente independente, por intermédio da iniciativa de uma única pessoa, ou de um grupo, e crescem numericamente, estabelecendo uma congregação local, inclusive com registro jurídico. Porém, sentindo necessidade de uma estrutura de apoio, essa congregação, principalmente por intermédio da sua liderança, decide se filiar a alguma denominação já estabelecida, de acordo com a proximidade de suas doutrinas.

Essas congregações locais podem entrar em contato com determinada convenção ou instituição similar, que decide, de acordo com o seu estatuto e a sua assembleia, se agrega ou não o grupo. Então, a congregação local, que não começou por iniciativa de uma determinada denominação, passa a fazer parte dela.

A questão dos dons espirituais continua sendo o fator central que divide os evangélicos nos dois grandes grupos: os *tradicionais*, que acreditam que os milagres extraordinários, como manifestação dos dons espirituais, foram restritos ao período da Igreja Primitiva, e os *pentecostais*, que acreditam que esses dons espirituais ainda se manifestam de maneira sobrenatural nos dias de hoje. Dessa forma, a única maneira de classificar as igrejas autônomas é sabendo se ela adota uma doutrina tradicional ou uma doutrina pentecostal. No caso da primeira, temos o exemplo do Ministério Sal da Terra, em Goiânia. No caso da segunda, temos o exemplo da Comunidade Internacional da Zona Sul, no Rio de Janeiro.

Aproveitamos também para falar de outras denominações que ainda não foram apresentadas. Por exemplo, merece destaque a *Assembleia de Deus Vitória em Cristo*, por causa da projeção midiática que seu líder, o pastor Silas Malafaia, exerce. Malafaia começou seu ministério como pregador na Assembleia de Deus da Penha, no Rio de Janeiro, uma igreja pentecostal de primeira onda. Porém, a Assembleia de Deus Vitória em Cristo é uma denominação de característica neopentecostal.

A Insuficiência da Tríade Tradicional, Pentecostal e Neopentecostal

Muitos estudos já tentaram catalogar os evangélicos em segmentos, seja utilizando critérios socioeconômicos dos membros, seja utilizando critérios teológicos, como a liturgia ou a doutrina que pregam. Assim, surgiu a tríade *tradicionais*, *pentecostais* e *neopentecostais*, que apresentamos no início deste capítulo. Como se pode ver, utilizamos essa

CAPÍTULO TRÊS: OS EVANGÉLICOS CHEGAM AO BRASIL

divisão somente como ponto de partida, destacando que tal classificação já não é mais suficiente para a realidade evangélica.

Inicialmente dizia-se que os evangélicos *tradicionais* tinham vindo com os imigrantes ou missionários dos Estados Unidos – e os batistas e presbiterianos são os principais exemplos; os *pentecostais* são os que acreditam em línguas estranhas – a Congregação Cristã no Brasil e a Assembleia de Deus são os principais exemplos; e os *neopentecostais* são os que acreditam na teologia da prosperidade e têm na televisão uma importante ferramenta e aliada – a Igreja Universal, a Renascer e a Sara Nossa Terra, os principais exemplos. Além disso, segundo esses estudos, enquanto os evangélicos tradicionais são os mais escolarizados, com maior poder econômico e pertencentes à classe média, os pentecostais e neopentecostais são os mais pobres, econômica e socialmente marginalizados, além de iletrados.

Com o tempo, esse critério passou a ter um juízo de valor intrínseco ou velado, que ajudava a difundir ainda mais preconceito. Em outras palavras, ser evangélico tradicional, do ponto de vista social, conferia mais status. Havia mais qualidade. Um dos exemplos dados era a erudição dos pastores. Os tradicionais estudavam em seminários, cursando Teologia, enquanto os pentecostais ou neopentecostais não tinham formação acadêmica. Por outro lado, quando aconteciam escândalos, ou algum tipo de absurdo se tornava público, era comum referir-se aos *neopentecostais*.

O principal exemplo desse preconceito, como dissemos, se deu com a eleição do deputado Jair Messias Bolsonaro para presidente da República, em 2018. Sabe-se que boa parte de sustentação do seu mandato estava embasada nos eleitores evangélicos. Por isso, era comum que os meios de comunicação fizessem referência aos neopentecostais. Quando se dizia que nem todos os evangélicos apoiavam Bolsonaro, imaginava-se que os mais progressistas que se identificavam como oposição seriam os tradicionais. Porém, já na campanha eleitoral de Bolsonaro, destacou-se a figura do senador Magno Malta, pastor da Convenção Batista Brasileira.

Durante o mandato de Bolsonaro, foi ministro da Educação o teólogo Milton Ribeiro, pastor da Igreja Presbiteriana do Brasil. E quando, em 10 de julho de 2019, o presidente decidiu que um dos ministros que seria indicado por ele para o Supremo Tribunal Federal teria que ser "terrivelmente evangélico", Bolsonaro se referia a André Mendonça, advogado e pastor da Igreja Presbiteriana do Brasil. Damares Alves, ministra da mulher, da família e dos direitos humanos, uma pastora batista. Assim, ainda que no imaginário e no senso comum se tenha criado a noção de que o envolvimento na política partidária era costume exclusivo dos neopentecostais, viu-se que, na prática, eram os tradicionais, e não os neopentecostais, que estavam diretamente ligados ao poder.

Há pouco usamos o termo *progressista*. Em política, o termo faz antagonismo a *conservador*. Trata-se de uma postura em relação aos costumes. O conservador pretende manter a tradição, enquanto o progressista quer mudá-la. Um exemplo no início do século 21 é a discussão sobre a legalização das drogas, do aborto e do casamento homossexual. Enquanto o conservador é contrário a tais propostas, o progressista é favorável. Os evangélicos são considerados mais conservadores em sua ampla maioria. Porém, existem os evangélicos progressistas, ainda que sejam minoria. Essa divisão, contudo, não se alinha com nenhum segmento ou denominação. É possível encontrar evangélicos progressistas em todas as denominações. Algumas, porém, como a Igreja Anglicana, a Igreja Presbiteriana Unida, a Igreja Presbiteriana Independente e a Igreja Metodista, historicamente, têm maior presença de progressistas em seu meio. O que ocorre é que certas denominações são mais democráticas e permitem que os progressistas tenham mais voz.

Durante a década de 1990, os evangélicos se alinhavam à chamada política de esquerda, pois entendiam que a proposta de distribuição de riqueza e combate à pobreza deveria caminhar de mãos dadas com a mensagem cristã. Em 2002, Anthony Garotinho se declarava evangélico e foi candidato à presidência da República pelo PSB (Partido

CAPÍTULO TRÊS: OS EVANGÉLICOS CHEGAM AO BRASIL

Socialista Brasileiro), claramente de esquerda. Os evangélicos não viam incompatibilidade entre a fé cristã e o socialismo ou a social--democracia. No segundo turno, muitos apoiaram Luiz Inácio Lula da Silva, do PT (Partido dos Trabalhadores), que foi eleito e assumiu a presidência da República em 2003.

Durante o tempo em que esteve no poder (2003-16), o Partido dos Trabalhadores se viu envolvido em escândalos de corrupção e executou políticas públicas de promoção de pautas progressistas, que muitos evangélicos começaram a ver como ameaça. Apesar de terem crescido numericamente e em poderio político, econômico e midiático nesse período, pouco a pouco foram se afastando do apoio ao governo e migrando para a Oposição.

A cada eleição, os evangélicos aumentam a representatividade no Congresso Nacional, cujos representantes passaram a ser conhecidos como "bancada evangélica". As pautas defendidas são consideradas conservadoras: não à legalização das drogas, do aborto e do casamento homossexual. Nas eleições de 2010, ganhou destaque o evento em que o pastor da Primeira Igreja Batista de Curitiba, Paschoal Piragine, disse, durante um culto, que os membros da igreja não votassem no PT, pois o partido teria fechado questão com pautas que agrediam a fé evangélica. O culto era transmitido pela internet, e a gravação da sua fala viralizou e se tornou exemplo do antipetismo evangélico. Mais uma vez um pastor de uma denominação tradicional.

Com isso, o fantasma do comunismo voltou a assustar. Mesmo quando eram favoráveis ao socialismo, os evangélicos nunca apoiavam o comunismo ou o marxismo. São pouquíssimos os evangélicos que acreditam que não há incompatibilidade entre a proposta comunista ou marxista e a fé cristã. Isso porque o sociólogo alemão Karl Marx, idealizador do comunismo, disse que a religião é o ópio do povo. Dessa forma, o comunismo sempre esteve ligado ao ateísmo e, por isso, não foi aceito pelos evangélicos. Além do mais, muitos grupos evangélicos viveram traumas quando tiveram que fugir da perseguição nos países comunistas, como os menonitas russos ou os batistas letos, que fugiram para o Brasil justamente por causa da perseguição que sofreram após a criação da União Soviética.

Destarte, a maioria dos evangélicos não vê com bons olhos a *Teologia da Libertação*, uma proposta de leitura econômica da Bíblia, que entende a mensagem cristã como socorro aos pobres e condenação à injusta acumulação de riquezas. Como alternativa, os evangélicos criaram a *Missão Integral*, que busca denunciar a injustiça social sem aderir ao marxismo. Por causa do "fantasma do comunismo", as igrejas evangélicas também apoiaram o golpe militar de 31 de março de 1964 e a ditadura, ainda que fossem numérica e politicamente inexpressivas à época. E por, via de regra, acreditarem no mito de que os cursos de Humanas só leem autores marxistas, muitos olham as universidades com desconfiança.

Em geral, a postura evangélica, independentemente da denominação, quase sempre é de que se faz necessário efetuar boas obras – ajudar os pobres –, não para conquistar a salvação, mas como consequência. Isto é, se o evangélico já foi salvo pela fé, ela irá ajudar os pobres como demonstração de sua espiritualidade. Por isso, muitas igrejas têm projetos sociais. Porém, entrar em movimentos sociais para militar politicamente por mudanças estruturais é perder o foco, já que eles entendem que o Reino de Deus não é deste mundo e ao cristão compete focar na recompensa que terá na vida *após* a morte. Assim, as injustiças sociais e a desigualdade são inevitáveis, pois fazem parte do mundo naturalmente maculado pelo pecado, e tal realidade só mudará quando Jesus retornar.

É exatamente essa postura que Marx criticava como *alienação*. Portanto, para o evangélico, que acredita no mundo espiritual, não adianta lutar por justiça social, pois é melhor esperar o Céu prometido por Jesus. Para o comunista, materialista, não existe outro mundo. É preciso lutar para acabar com as injustiças sociais neste mundo. Para os evangélicos progressistas, é preciso unir as duas posturas: lutar por justiça social neste mundo, enquanto se aguarda a redenção final na volta de Jesus.

CAPÍTULO TRÊS: OS EVANGÉLICOS CHEGAM AO BRASIL

Retornando à questão da classificação, como ocorreu a difusão do preconceito de que a inserção na política era prerrogativa dos neopentecostais, também muito já se disse equivocadamente que a inserção na televisão também era prática neopentecostal. Hoje em dia, porém, sabe-se que as mais diversas denominações e congregações locais têm programas de rádio e televisão. Em 1996, por exemplo, entrou no ar a TV Novo Tempo, da Igreja Adventista do Sétimo Dia. Na década de 1990, o programa evangélico de maior audiência, *Pare & Pense*, era apresentado por um pastor presbiteriano. No aspecto socioeconômico, em todos os segmentos há membros ricos, pobres e de classe média. Há doutores, professores universitários e analfabetos.

Portanto, não é mais possível utilizar a antiga tríade como "camisa de força" para classificar as igrejas evangélicas e seus membros em segmentos, pois ela não dá mais conta da realidade. Ao contrário, apenas irá criar preconceitos. Por isso, neste livro, sugerimos essa divisão maior – *tradicionais, pentecostais, neopentecostais, autônomos* e *paraevangélicos* –, com suas subdivisões. Mas ressaltamos que não é para se tornar outro dogma e, sim, uma inspiração. Ao conhecer ou estudar uma igreja evangélica, debruce sobre o que ela é em si, e como se apresenta, abandonando as classificações prévias que a rotulam.

Outros aspectos também não são, isolados, critérios para classificar os evangélicos entre tradicionais, pentecostais ou neopentecostais. Do ponto de vista da doutrina, todas as denominações têm diversos posicionamentos sobre temas, como dons espirituais, glossolalia, teologia da prosperidade, predestinação, entre outros. Do ponto de vista litúrgico, também não é mais possível ligar uma denominação a um estilo de culto solene ou contemporâneo. Uma mesma denominação, inclusive, pode ter congregações com liturgias de culto diferentes. Por isso, as classificações precisam ser empregadas para facilitar o estudo, como faremos no próximo capítulo, mas devem ser utilizadas com parcimônia pelo estudioso, sempre consciente das limitações dessas classificações.

QUADRO 2: AS IGREJAS EVANGÉLICAS NO BRASIL EM SUA CLASSIFICAÇÃO TEOLÓGICA, HISTÓRICA E SOCIOLÓGICA

1ª Divisão	1ª Subdivisão	2ª Subdivisão	3ª Subdivisão	Instituições
Protestantes tradicionais históricos	Reformados	Predominantemente imigrantes	Luteranos	Igreja Evangélica de Confissão Luterana no Brasil Igreja Evangélica Luterana do Brasil
			Anglicanos	Igreja Episcopal Anglicana do Brasil Igreja Anglicana no Brasil Igreja Anglicana Reforma do Brasil
			Menonitas	Convenção das Igrejas Evangélicas Irmãos Menonitas no Brasil Aliança Evangélica Menonita Igreja de Deus em Cristo Menonita
	Puritanos	Predominantemente missionários proselitistas	Batistas	Convenção Batista Brasileira Convenção das Igrejas Batistas Regulares Convenção das Igrejas Batistas Bíblicas Igreja Batista do Sétimo Dia
			Presbiterianos	Igreja Presbiteriana do Brasil Igreja Presbiteriana Independente do Brasil Igreja Presbiteriana Conservadora do Brasil Igreja Presbiteriana Unida do Brasil Igreja Presbiteriana Fundamentalista do Brasil
			Congregacionalismo	União das Igrejas Evangélicas Congregacionais do Brasil Associação das Igrejas Evangélicas Congregacionais Conservadoras do Brasil Igreja Congregacional Kalleyana Igreja Cristã Evangélica do Brasil
			Metodistas	Igreja Metodista do Brasil Exército de Salvação
			Darbistas	Igreja Evangélica Casa de Oração Igreja Cristã Discípulos de Cristo

QUADRO 2: AS IGREJAS EVANGÉLICAS NO BRASIL EM SUA CLASSIFICAÇÃO TEOLÓGICA, HISTÓRICA E SOCIOLÓGICA

Pentecostais	1ª Onda ou Pentecostalismo clássico	Congregação Cristã no Brasil Convenção Geral das Assembleias de Deus no Brasil Convenção Nacional das Assembleias de Deus no Brasil – Ministério Madureira Convenção das Assembleias de Deus no Brasil Igreja de Deus no Brasil Igreja de Deus Anderson Igreja de Cristo Pentecostal no Brasil Igrejas de Cristo no Brasil
	2ª Onda ou Deuteropentecostalismo	Igreja do Evangelho Quadrangular Igreja Pentecostal Deus é Amor Igreja Tabernáculo Evangélico de Jesus (Casa da Bênção) Igreja Unida Igreja Pentecostal Unida do Brasil Tabernáculo da Fé Igreja Evangélica Pentecostal O Brasil para Cristo Igreja Cristã de Nova Vida
	Protestantes históricos renovados (Carismáticos)	Convenção Batista Nacional Convenção das Igrejas Batistas Independentes Igreja Presbiterana Renovada do Brasil Igreja Metodista Wesleyana Igreja Metodista Renovada Igreja do Nazareno (renovação metodista) Aliança das Igrejas Evangélicas Congregacionais do Brasil Igreja Cristã Evangélica Renovada Igreja Cristã Maranata (renovação presbiteriana)
	3ª Onda ou Neopentecostais	Igreja Apostólica Renascer em Cristo Bola de Neve Church Igreja Apostólica Fonte da Vida Comunidade Evangélica Sara Nossa Terra Igreja Evangélica Luz para os Povos Igreja Videira Instituto Vida para Todos (igrejas sem nome) Igreja de Cristo Internacional Comunidade Cristã Paz e Vida Assembleia de Deus Vitória em Cristo
Igrejas autônomas	Tradicionais	Ministério Sal da Terra e outras
	Pentecostais	Comunidade Internacional da Zona Sul e outras

QUADRO 2: AS IGREJAS EVANGÉLICAS NO BRASIL EM SUA CLASSIFICAÇÃO TEOLÓGICA, HISTÓRICA E SOCIOLÓGICA

Paraevangélicos	Importados	A Igreja de Jesus Cristo dos Santos dos Últimos Dias (mórmons) Igreja de Jesus Cristo Bickertonita (dissidência mórmon) Igreja Reorganizada de Jesus Cristo dos Santos dos Últimos Dias (dissidência mórmon) Igreja Adventista do Sétimo Dia Igreja Adventista da Promessa Testemunhas de Jeová Igreja Evangélica Cristo Vive Ciência Cristã
	Nacionais	Igreja Universal do Reino de Deus Igreja Internacional da Graça de Deus Igreja Mundial do Poder de Deus Comunidade Caminho da Graça

CAPÍTULO QUATRO

História das Principais Controvérsias no Brasil

Desde a chegada dos primeiros imigrantes protestantes até meados do século 20, os evangélicos viviam poucas controvérsias internas. Talvez a mais significativa no período tenha sido a ruptura liderada pelo pastor presbiteriano de São Paulo, Eduardo Carlos Pereira (1855-1923), que levou à criação da Igreja Presbiteriana Independente. Este cenário muda a partir da segunda metade do século 20, especialmente a partir das décadas de 1970 e 80, com o movimento do Neopentecostalismo.

Quando os missionários protestantes estadunidenses chegaram ao Brasil, além de trazer uma pregação nova para o povo brasileiro, trouxeram também uma estrutura denominacional considerável. Uma das primeiras ações foi a criação de seminários para a preparação de pastores. Os principais exemplos são o *Seminário Presbiteriano do Sul*, em Campinas, São Paulo; dois seminários batistas, o do Sul, no Rio de Janeiro, e do Norte, em Recife, Pernambuco; e a *Escola Superior de Teologia*, da Igreja Luterana, em São Leopoldo, Rio Grande do Sul. Os missionários estadunidenses ignoravam a divisão geográfica do Brasil e o dividiam apenas em Norte e Sul, como estavam acostumados nos Estados Unidos após a Guerra de Secessão.

O Protestantismo tradicional nos Estados Unidos tem uma estrutura burocrática que, aqui no Brasil, acabou por dificultar a expansão da fé. O maior exemplo disso eram os obstáculos na formação de um pastor. Após ser identificado em uma congregação local, ele precisava se deslocar para uma cidade onde havia um seminário da sua denominação, morar e estudar lá por quatro anos, voltar para a congregação que o havia enviado, ser examinado por um concílio, para, finalmente, ser ordenado. Como, diferentemente da Igreja Católica, o pastor não é celibatário, muitos precisavam fazer todo esse processo acompanhados de cônjuge e filhos. Logo, o número de pastores era bem escasso, e não se conseguia promover uma expansão numérica agressiva.

Essa expansão, inclusive, acabou criando a tradição de evangélicos celebrarem a Santa Ceia – versão evangélica para a eucaristia católica – somente uma vez ao mês. Isso acontecia porque, geralmente, um único pastor tinha que atender diversas igrejas espalhadas numa região e, como só o pastor é legitimado a celebrar a Santa Ceia, fazia-se um rodízio, e cada igreja celebrava apenas uma vez por mês, quando da passagem do pastor por aquela congregação. Com o tempo, mesmo com o aumento do número de pastores, isso acabou permanecendo como uma tradição nas igrejas evangélicas. Enquanto a Igreja Católica e a Igreja Anglicana celebram a eucaristia em todos os cultos – chamados *missa* justamente pela presença da eucaristia –, a maioria dos evangélicos só celebra a Santa Ceia uma vez por mês. É importante ressaltar que, na eucaristia, os católicos acreditam que o pão se torna o próprio corpo de Cristo, enquanto os evangélicos, na celebração da Santa Ceia, acreditam tratar-se apenas de um símbolo.

Apesar de o número de colonos protestantes ter sido majoritário no sul do país, foi principalmente no estado de São Paulo que o Protestantismo se fixou e se expandiu. Inicialmente, os evangélicos utilizaram como técnica a criação de escolas e universidades. A mais famosa foi a *Universidade Presbiteriana Mackenzie*, fundada em 1870 como Escola Americana.

CAPÍTULO QUATRO: HISTÓRIA DAS PRINCIPAIS CONTROVÉRSIAS NO BRASIL   145

No final do século 19 e início do 20, o mundo vivia o contexto intelectual do positivismo, que escalonava as sociedades em "desenvolvidas" e "atrasadas". O mundo anglo-saxão, de onde os protestantes vinham, era o exemplo do mundo desenvolvido por excelência. Então, muitos membros da elite colocavam seus filhos nessas escolas, pois pensavam que, assim, eles receberiam uma educação de qualidade superior à das escolas católicas. Porém, para desapontamento dos missionários protestantes, apesar de matricularem seus filhos em tais escolas, essas pessoas não se convertiam, continuando a frequentar as missas aos domingos. O Protestantismo, então, sobretudo o presbiteriano, encontrou espaço pelo interior paulista. Não é por acaso que as igrejas presbiterianas mais antigas de São Paulo acompanham o trajeto das antigas estradas de ferro.

Nesse contexto se destacou a figura de Salomão Luiz Ginsburg. Seus pais eram de uma família judia da Polônia, que havia emigrado para a Inglaterra, onde se convertera ao Protestantismo. Ele chegou ao Brasil pela Igreja Congregacional, mas, ao conhecer o então missionário batista Zacarias Clay Taylor, mudou de denominação e, em 1891, foi nomeado missionário no Brasil pela Igreja Batista dos Estados Unidos. Durante seu ministério, viajou por vários estados brasileiros, onde implantou inúmeras igrejas batistas. Enquanto desenvolvia seu trabalho, também traduziu dezenas de hinos do inglês para o português, que passaram a ser cantados nas igrejas protestantes.

Enquanto essa estrutura que apresentamos, enorme e pesada, dificultava a rápida expansão dos protestantes, a Assembleia de Deus e a Congregação Cristã no Brasil facilitavam as coisas. A primeira passou a ordenar membros como pastores, sem critério intelectual para a escolha. Uma pessoa que tivesse boa liderança e boa reputação espiritual poderia conduzir a congregação, mesmo que fosse analfabeta. Assim, por exemplo, enquanto os presbiterianos levavam pelo menos quatro anos para formar um pastor, os assembleianos podiam ter novos deles todos os domingos. A Congregação Cristã no Brasil nem ao menos usa o termo pastor. Seus membros são liderados pelo *ancião* que, como o próprio nome diz, é um membro mais velho da congregação.

Ainda dentro dessa estrutura pesada dos protestantes tradicionais – que os pentecostais posteriores foram aos poucos abandonando em busca de serem mais pragmáticos –, podemos destacar, além da criação de escolas, seminários e universidades, a instituição de editoras, jornais, revistas e juntas missionárias, estas últimas com o objetivo de preparar pastores para serem enviados a outros locais, inclusive para o exterior, utilizando o Brasil como plataforma para a evangelização protestante de outros países, como a Angola, na África.

Algumas editoras que se destacaram no período foram a Sinodal, da Igreja Luterana, a Juerp (atual Convicção) dos batistas e a Casa Publicadora Brasileira, da Igreja Adventista. As editoras produziam livros teológicos acadêmicos para a formação dos pastores, Bíblias, hinários (falaremos adiante sobre eles) e livros populares para o grande público, entre eles, devocionários com meditações diárias para serem lidos pelos fiéis em casa durante a semana: Castelo Forte, Pão Diário, Manancial, entre outros.

As editoras protestantes também produziam inúmeros materiais didáticos, geralmente chamados *revistas*, para as escolas dominicais. A Escola Dominical, Escola Bíblia Dominical ou Escola Bíblica, ainda existe em muitas igrejas, é uma aula em torno de uma hora, geralmente antes do culto, para doutrinação e ensino bíblico oferecido aos membros das igrejas. Havia, entre esses primeiros protestantes, uma preocupação, não só em ganhar novos adeptos, como em formá--los dentro de suas doutrinas.

Como dissemos, essa estrutura toda acabava mais por dificultar do que ajudar na expansão da fé protestante, no início do século 20. Os missionários estadunidenses, por exemplo, ao criarem jornais e revistas, não levaram em consideração que 90% da população era analfabeta. As igrejas pentecostais, posteriormente, foram abandonando essa estrutura pesada, o que acabou facilitando não só a penetração nas classes socioeconômicas menos favorecidas, mas

CAPÍTULO QUATRO: HISTÓRIA DAS PRINCIPAIS CONTROVÉRSIAS NO BRASIL 147

também a expansão numérica. Essa estrutura denominacional trazida para cá era tão pesada que, inclusive, à medida que as igrejas nos Estados Unidos foram emancipando as igrejas brasileiras, estas começaram a ter sérios problemas financeiros para continuarem a se manter sem a ajuda enviada pelos missionários estrangeiros.

À medida que novas denominações foram surgindo, novas controvérsias foram aparecendo e gerando conflitos. E, com elas, um trânsito religioso. A partir da segunda metade do século 20, ocorreu outro fenômeno: membros de determinadas denominações começaram a mudar para outras igrejas ou tentaram introduzir, nas suas congregações locais, o que aprendiam ao visitarem congregações de novas denominações que surgiam.

Muitas controvérsias na história dos evangélicos, que acabaram gerando os rompimentos que vimos no capítulo anterior, aconteceram por falta de diálogo entre essas correntes, pois muitos evangélicos misturavam quatro conceitos diferentes: *liturgia, eclesiologia, doutrina* e *costumes*. Veremos cada um deles. É importante, porém, lembrar que não esgotaremos as controvérsias neste capítulo, pois seria necessário um livro somente para descrever cada uma delas. Por exemplo, nem todos os evangélicos concordam com a doutrina da Trindade, segundo a qual Deus é Pai, Filho e Espírito Santo numa só pessoa. Algumas igrejas acreditam que Jesus é a primeira criação de Deus, e não coeterno com ele; e outras acreditam que Jesus é uma manifestação diferente de Deus, sem necessariamente ser outra pessoa.

MÚSICA E LITURGIA

Em termos resumidos, vamos chamar de liturgia a forma como um culto é celebrado: as músicas, a ordem das atividades, as vestimentas, entre outros aspectos. Inicialmente, cada denominação tinha um tipo de liturgia. Vamos ver, a seguir, as controvérsias a esse respeito.

Quando os primeiros imigrantes protestantes chegaram, mantiveram os cultos a que estavam acostumados em seus países de origem, inclusive na língua original. Em seguida, adaptaram somente o idioma: os cultos passaram a ser em português. Essas liturgias eram caracterizadas pela cultura anglo-saxã: partes do culto bem definidas, uma rígida disciplina com ausência de manifestações emotivas e músicas em forma de marchinhas com estrofes que rimavam: "Crer e observar, tudo quanto ordenar, o fiel obedece, ao que Cristo mandar."

Essas marchinhas, ao serem traduzidas, eram compiladas em livrinhos que ficaram conhecidos como *hinários*. Cada denominação possuía o seu próprio hinário: os batistas tinham o *Cantor Cristão*; os assembleianos, a *Harpa Cristã*; metodistas e presbiterianos usavam o *Salmos e Hinos*. Depois, foram surgindo outros. Em geral, tinham as mesmas músicas, ou hinos, mudando somente a ordem numérica e algumas palavras, trocadas por sinônimos, a depender da tradução.

Esses hinos costumavam ser acompanhados exclusivamente por órgão e piano. Era quase imperceptível a diferença entre um culto protestante e uma missa católica. Muitas igrejas protestantes, até hoje, orgulham-se de seus magníficos órgãos de tubos que adornam seus templos. Outra manifestação artística que os primeiros protestantes valorizaram eram os corais. Alguns membros dedicavam-se a ensaiar disciplinadamente ao longo da semana para as apresentações aos domingos. Algumas congregações maiores tinham corais femininos, masculinos, de jovens e adolescentes, e corais mistos, que reuniam todos os outros. Essa tradição acabou por favorecer uma grande valorização pela música profissional dentro das igrejas evangélicas. Até hoje os batistas têm em sua liderança a figura do ministro de música, profissional que se dedica quase que exclusivamente à questão musical. Com o tempo, outros instrumentos eruditos foram sendo introduzidos, levando a Congregação Cristã no Brasil e a Igreja Adventista do Sétimo Dia a organizarem verdadeiras orquestras dentro de suas congregações. Ser músico em uma igreja evangélica conferia – e ainda confere – um status invejável entre os membros.

CAPÍTULO QUATRO: HISTÓRIA DAS PRINCIPAIS CONTROVÉRSIAS NO BRASIL   149

Na década de 1990, outro fenômeno se popularizou no Brasil evangélico: as chamadas *cantatas*. Tratava-se de adaptações à língua portuguesa de grandes musicais produzidos nos Estados Unidos para celebrar algumas ocasiões, que lembram os shows da Broadway ou a trilha sonora de filmes da Disney. Os originais eram gravados nos Estados Unidos por produtoras como a Integrity Music, com destaque para artistas que ficaram famosos entre os evangélicos da época – Ron Kenoly e Don Moen –, e eram adaptados quase sempre pela gravadora Bom Pastor. Em geral, essas cantatas eram apresentadas na Páscoa ou no Natal, com qualidade bem inferior às gravações originais. A mais popular foi a cantata *Deus Conosco*.

A cantata de Natal ou de Páscoa era um grande evento. O coral começava a ensaiar muitos meses antes. Na data marcada para a apresentação, a congregação convidava parentes e amigos para a celebração. Ao final, o pastor fazia uma espécie de convite – conhecido popularmente como *apelo* – aos visitantes para "aceitarem Jesus no coração". Quem o desejasse deveria levantar a mão e, em seguida, ir até a frente mostrar publicamente sua escolha. Apesar de que muitos o faziam somente pelo calor do momento, outros permaneciam e acabavam ajudando a congregação local a crescer com a adesão de novos membros.

A Assembleia de Deus também introduziu uma nova modalidade em seus cultos, chamada *testemunho*. O pastor dizia que daria a oportunidade a quem quisesse compartilhar algo, e alguns membros da congregação se levantavam, pegavam o microfone e compartilhavam algum fato extraordinário que havia acontecido em sua vida, atribuindo a isso um sinal sobrenatural divino. Essa participação direta fazia com que o membro se sentisse mais pertencente àquela congregação, o que provavelmente, entre outros aspectos, teve papel fundamental no crescimento dessa igreja, que acabou se tornando a predominante aqui no Brasil.

Da chegada definitiva dos primeiros protestantes na segunda metade do século 19 até a década de 1950, ocorreram poucas mudanças. O Sul tinha a presença dos imigrantes luteranos; os batistas e congregacionais iam se tornando predominantes no Rio de Janeiro e no Espírito Santo, enquanto a pregação presbiteriana avançava pelo interior de São Paulo, sul de Minas Gerais e Paraná, acompanhada pelos metodistas. Já a Congregação Cristã no Brasil e a Assembleia de Deus avançava com mais energia pelo interior. Todos com uma liturgia de culto bem parecida: congregação cantando hinos da cultura anglo-saxã com muita erudição e disciplina, acompanhados de instrumentos clássicos, como piano e órgão.

A década de 1950 ficou conhecida como os anos dourados. Pela primeira vez, o Brasil experimentava um regime democrático de fato. Juscelino Kubitscheck seria eleito presidente (1955 a 1960), quando o Brasil experimentaria uma grande prosperidade exemplificada pela construção de Brasília no coração do Cerrado. A música era ouvida no rádio – principal meio de comunicação em massa – e nos discos, apelidados LP (long play), tocados em gramofones. Não é por acaso que Juscelino ficou conhecido como Presidente Bossa Nova, o que nos indica qual era a moda musical daquele momento. E é nesse contexto que os evangélicos começam a dar os primeiros passos nesse mercado. Surgem Feliciano Amaral e Luiz de Carvalho, dois batistas que, em suas carreiras solo, lançaram os primeiros discos de música evangélica.

Enquanto no contexto secular – os evangélicos chamam *seculares* as manifestações culturais fora do âmbito eclesiástico, uma espécie de contrário da música sacra – Nelson Gonçalves fazia sucesso vendendo milhões de discos, Luiz de Carvalho imitava seu estilo em suas músicas evangélicas e dava um passo considerado muito audacioso para a época: introduzia o violão como instrumento musical para as canções evangélicas.

A primeira controvérsia considerável na liturgia provavelmente foi o uso de palmas nos cultos. Igrejas, como a Assembleia de Deus e outras pentecostais que foram surgindo, começaram a acompanhar as músicas batendo palmas e também aplaudindo ao final das

CAPÍTULO QUATRO: HISTÓRIA DAS PRINCIPAIS CONTROVÉRSIAS NO BRASIL   151

apresentações. As denominações protestantes tradicionais consideravam herética tal prática. Muitos jovens tentavam implementar palmas nos cultos de suas igrejas e, quando não conseguiam, acabavam se mudando para denominações novas que o permitiam. Isso aconteceu em paralelo a uma renovação no estilo musical. Inúmeras denominações novas ficaram insatisfeitas em utilizar somente hinos dos hinários e começaram a colocar em seus cultos os chamados *cânticos*, que eram músicas com melodias mais atrativas e adaptadas à cultura brasileira, sem a tradicional marchinha dos hinos anglo-saxões. Essas novas melodias requeriam ainda mais o acompanhamento de palmas. Com o tempo, canções como "O Nosso General É Cristo", "Venho, Senhor, Minha Vida Oferecer", "Rompendo em Fé", "Aclame ao Senhor" foram se tornando clássicas.

Tal movimento teve início na década de 1960. No mundo, a Guerra Fria estava no auge e, como consequência, o Brasil experimentara o golpe militar de 31 de março de 1964. As igrejas evangélicas não se importavam muito com política e estavam preocupadas com as discussões teológicas. Foi nessa década que, influenciadas pela segunda onda do Pentecostalismo, as igrejas protestantes tradicionais começaram a se dividir em suas vertentes renovadas.

Foi nesse momento que um missionário batista dos Estados Unidos, chamado Jaime Kemp, trouxe algumas novidades. Em oposição ao amor livre pregado pelos hippies, os evangélicos criaram o movimento "Quem ama, espera!". E, na música, foi criado um ministério denominado *Vencedores por Cristo*, uma espécie de versão MPB evangélica. Enquanto Chico Buarque, Caetano Veloso e Milton Nascimento começavam a gravar suas músicas de protesto político, o Vencedores por Cristo reunia músicos que – como ocorre na carreira da chamada música secular – posteriormente se destacaram e seguiram carreira solo, como Adhemar de Campos, Jorge Camargo, Guilherme Kerr e Nelson Bomilcar. O leitor pode fazer um exercício e ouvir os discos dos Vencedores por Cristo para comparar com os discos da MPB da época. São desse grupo os primeiros cânticos introduzidos em

152   A HISTÓRIA DOS EVANGÉLICOS PARA QUEM TEM PRESSA

alguns cultos, como dissemos. O primeiro disco do Vencedores por Cristo foi gravado em 1971: *Fale do Amor*.

Como muitas igrejas protestantes tradicionais consideravam heréticas a introdução de novas melodias, estilos e instrumentos, popularizou-se nessa época o "culto de jovens". Isto é, em separado ao culto de domingo, muito mais solene, os jovens começaram a fazer um culto à parte, aos sábados, onde podiam cantar todas as músicas consideradas inadequadas para os domingos, quando toda a congregação – inclusive membros mais antigos – estaria reunida.

E, apesar das novidades, surgiram grupos focados no estilo tradicional e consolidado. O grande exemplo do período foi o grupo masculino Arautos do Rei, da Igreja Adventista. Todo esse fenômeno musical tinha uma característica interessante: começava como uma novidade nos Estados Unidos. Então, a novidade chegava ao Brasil, e grupos eram formados, inspirados no modelo importado. Uma vez consolidados aqui, à semelhança da música secular, surgiam os covers nas congregações locais, que se inspiravam nos grupos mais famosos. O Arautos do Rei foi um dos principais inspiradores de covers que se espalharam pelas igrejas do país nas três décadas seguintes.

As igrejas protestantes tradicionais continuavam, década após década, resistindo à pressão dos mais jovens pela introdução dessas novidades musicais na sua liturgia. Grupos musicais foram surgindo e lançando músicas que faziam sucesso: o grupo Elo gravou "Calmo, Sereno e Tranquilo" e o conjunto Som Maior, "Jesus Cristo Mudou Meu Viver". Em 1973, um disco estourou entre os evangélicos, sobretudo na Assembleia de Deus: um cantor chamado Ozéias de Paula estourou com a canção "Cem Ovelhas". Enquanto os jovens das igrejas protestantes tradicionais, que consumiam essas novidades, iam se frustrando por não obterem sucesso em introduzi-las no culto, surgiam denominações novas, que, além de não considerarem a inovação uma profanação, acabavam vivendo extremamente dependentes desses grupos e novidades musicais. A Igreja Renascer em Cristo, criada pelo casal Estevam e Sônia Hernandes em 1986, foi um dos principais

CAPÍTULO QUATRO: HISTÓRIA DAS PRINCIPAIS CONTROVÉRSIAS NO BRASIL 153

exemplos de denominação que cresceu justamente em torno de grupos musicais contemporâneos.

Acompanhando a tendência, se a década de 1980 foi marcada pelo rock e o surgimento de diversas bandas de sucesso no Brasil, entre os jovens evangélicos o fenômeno também ganhou vida. Surgiu a banda Rebanhão, uma espécie de versão evangélica de bandas como Paralamas do Sucesso, Legião Urbana e Capital Inicial. O disco *Mais Doce que o Mel*, de 1981, foi o primeiro sucesso de rock evangélico. Várias bandas eram, do ponto de vista da estética musical, praticamente cópia do estilo de alguma banda secular. Para muitas igrejas protestantes tradicionais, não poderia haver profanação maior: "o rock é do diabo!", diziam.

Ao mesmo tempo, continuavam surgindo grupos no mesmo estilo dos anteriores. Em 1985, surgiu o Ministério Koinonya de Louvor, com seu primeiro disco, *Quem Pode Livrar*. No mesmo ano, surgiu o grupo adventista que, dali em diante, seria o maior sucesso na denominação e influenciaria a música evangélica como um todo e para sempre: Prisma, que gravou seu primeiro disco, *Fonte de Luz*.

Então, quase como consequência da introdução de novos ritmos, veio a controvérsia quanto ao uso ou não de instrumentos musicais. Como vimos, as igrejas protestantes tradicionais usavam piano, órgão, e algumas aceitavam instrumentos eruditos variados. Mas, para o novo estilo, muitos queriam a introdução de instrumentos como guitarra e bateria, considerados profanos. O leitor pode achar tudo isso muito pequeno, mas várias igrejas nas décadas de 1980 e 1990 se dividiram por causa dessas discussões. E, como dissemos, jovens que não conseguiam modificar sua congregação acabavam mudando para outras. Alguns tentavam argumentar, sem sucesso, que o próprio piano, tido como erudito e consagrado, já fora um instrumento de cassinos e cabarés, e que tudo dependia do uso que dele se fazia, e não do instrumento em si.

Na década de 1990, os evangélicos estavam consolidados em todo o Brasil, crescendo em expansão geométrica. Saltaram de 9% da população, no censo de 1990, para 15% no do ano 2000. As igrejas protestantes tradicionais, percebendo que estavam perdendo membros para as denominações novas, começaram a se adaptar aos novos tempos. Alguns cultos tradicionais passaram a incluir, na sua liturgia, o que era chamado *período de louvor*. Isto é, no meio do culto, os celebrantes davam espaço para os jovens, que, com seus instrumentos modernos, cantavam em média três cânticos seguidos. Enquanto os hinos eram entoados pelo hinário, os cânticos eram projetados na parede, por meio de transparências. Na década de 1990, a música evangélica também já angariava um mercado consolidado, e, numa jogada de marketing, liderada pelo então pastor da Igreja Evangélica Renascer em Cristo, Estevam Hernandes, passou a utilizar o termo "gospel". O gospel, então, explodiu.

Nessa época se destacaram bandas como Oficina G3, Resgate, Kadoshi, Metal Nobre, Catedral, e as cantoras Aline Barros, Fernanda Brum, Cristina Mel, Cassiane e o cantor Kleber Lucas, entre outros. A música evangélica é hoje gravada por grupos em todos os ritmos. Eventos reúnem milhares de fãs em locais como estádios de futebol.

E mais duas novidades surgem no Brasil, ambas importadas dos Estados Unidos. A primeira é a ideia da "Marcha para Jesus", com grupos musicais fazendo shows enquanto caminham pelas ruas. A primeira edição aconteceu em 1993, em São Paulo, liderada pela Renascer em Cristo. A segunda foi a ideia de gravar as celebrações e vender essas gravações. Destacam-se grupos como Comunidade da Graça, Comunidade de Nilópolis e uma das que mais influenciou o período, a Comunidade Internacional da Zona Sul, no Rio de Janeiro.

Muitas dessas igrejas que gravavam os cultos começaram a ficar famosas, e seus espaços de reunião não conseguiam mais abrigar toda a audiência. Surgiu, também, a ideia de gravar celebrações realizadas em outros locais, públicos ou ao ar livre. Esse movimento foi capitaneado pela banda gospel australiana Hillsong United. Em Belo Horizonte, a Igreja Batista da Lagoinha, à época ligada à Convenção

CAPÍTULO QUATRO: HISTÓRIA DAS PRINCIPAIS CONTROVÉRSIAS NO BRASIL   155

Batista Nacional, se inspirou no formato da Hillsong e formou o Ministério Diante do Trono, com o primeiro CD gravado em 1998. Foi um dos grupos que mais influenciou a música evangélica e a liturgia das congregações durante a primeira década dos anos 2000. Músicas como "Te Agradeço" e "Preciso de Ti" eram cantadas em igrejas do ramo protestante tradicional ou do movimento neopentecostal.

Por fim, as denominações novas que surgiam começaram a utilizar outras manifestações artísticas nos cultos, sobretudo a dança ou, como muitos chamavam, coreografia. Por muito tempo, o Ministério Diante do Trono foi responsável por ditar os principais estilos de dança. Geralmente essas coreografias eram encenadas por adolescentes que dançavam à frente da igreja, com roupas especiais, enquanto a congregação entoava determinado cântico. O resultado foi o mesmo das controvérsias anteriores. Mas, com o passar do tempo, as igrejas protestantes tradicionais foram repensando a postura de resistência e, aos poucos, incorporando esses novos elementos à liturgia. Hoje em dia, pouquíssimas congregações ainda torcem o nariz, a não ser entre os membros mais antigos.

Outros aspectos litúrgicos também vêm sendo alterados. Quando os primeiros protestantes imigrantes chegaram ao Brasil na época do Império (1822-89), havia uma religião oficial – obviamente o Catolicismo –, e qualquer outro tipo de manifestação religiosa era tratada como crime. Por pressão da Inglaterra, maior potência da época, o governo brasileiro acabou cedendo e tornando o Protestantismo uma religião tolerável, desde que não construíssem templos e não fizessem proselitismo. Os primeiros protestantes, como luteranos e anglicanos, só se reuniam em casas, celebrando os cultos na língua de seus países de origem. Isso acabou criando a tradição de que, no Brasil, templos bem construídos, com torres, sinos e relógio, eram coisa de católico, e igreja protestante tinha um formato que não lembrava exatamente o templo onde uma congregação religiosa se reunia.

Aos poucos isso foi mudando e os missionários protestantes também começaram a construir templos bem ornamentados. No Rio de Janeiro e em São Paulo, ainda é possível ver exemplos disso, como a Primeira Igreja Presbiteriana do Rio de Janeiro e a Primeira Igreja Presbiteriana Independente de São Paulo, entre outras. Havia uma preocupação com a estética, com vitrais coloridos e bancos de madeira bem elaborados. Com o surgimento do Pentecostalismo, essa realidade começou a se transformar. Com exceção da Congregação Cristã no Brasil, com seus templos cinza, e a Igreja Cristã Maranata, com suas casinhas que mais parecem chalés do campo. Enfatizava-se que a igreja eram as pessoas e não o templo, e que o importante era se reunir, não importando o lugar, sua qualidade e estética. A Assembleia de Deus foi uma das pioneiras a se instalar em qualquer tipo de galpão, loja ou casa. A Igreja Universal também começou assim, mas logo descobriu que construir grandes templos imponentes era uma forma importante de demonstrar status e poder.

As igrejas neopentecostais embarcaram nessa onda. Os bancos de madeira foram dando lugar às cadeiras de plástico. Perceberam que tudo ficava mais leve sem liturgia. Os pastores foram abandonando os ternos e as gravatas – algo que a Assembleia de Deus ainda reluta em aceitar – e usando roupas mais esportivas. No Rio de Janeiro, algumas denominações, como a Bola de Neve Church, se adaptaram ao pastor usando bermuda e camiseta, no melhor estilo surfista.

E, então, as igrejas protestantes tradicionais também começaram a se adaptar. Por que não fazer o mesmo? Afinal, diziam, os pentecostais estão certos – a igreja são as pessoas. E as novas congregações batistas, metodistas, cristãs evangélicas e presbiterianas começaram a se reunir em lugares com menos glamour, em salões com cadeiras de plástico e roupas mais leves, sendo possível encontrar, principalmente no Rio de Janeiro, pastores que celebram os cultos vestindo até mesmo a camisa do time do coração.

CAPÍTULO QUATRO: HISTÓRIA DAS PRINCIPAIS CONTROVÉRSIAS NO BRASIL   157

ECLESIOLOGIA

Introdutoriamente, chama-se *Eclesiologia* o estudo da administração das igrejas. E, em alguns aspectos, isso também já foi motivo de controvérsia, como veremos a seguir.

A Bíblia não determina claramente como uma igreja deve ser administrada. Há, porém, alguns indícios e, com base nesses indícios, pelo menos três formas básicas de governo: o *episcopal*, o *presbiteriano* e o *congregacional*. No primeiro, um conjunto de igrejas é administrado por bispos, que então nomeiam os pastores das congregações locais. É o sistema menos democrático. É o caso de igrejas como a Anglicana e os metodistas. No segundo, há um grupo de anciãos que administram a congregação local – os presbíteros –, e um conjunto de igrejas é administrado por um sínodo. Neste modelo, há uma espécie de democracia representativa. É o caso de presbiterianos e luteranos. E, por fim, há o sistema congregacional, em que decisões são tomadas com a participação de toda a congregação, em assembleias. Um conjunto de igrejas, por sua vez, é administrado por meio de uma convenção, uma espécie de federação de igrejas. É o caso, por exemplo, dos batistas, congregacionais e assembleianos. É o mais utilizado na maioria das denominações e considerado o mais democrático. E, é claro, todos esses sistemas têm suas nuances, e cada denominação específica faz os ajustes que julga necessários.

Nesse aspecto, a primeira controvérsia se deu em relação ao sacerdócio feminino. Para as igrejas protestantes tradicionais, não poderia haver pastoras. Somente homens seriam ordenados ao ministério pastoral. As igrejas pentecostais, como a Assembleia de Deus e a Igreja do Evangelho Quadrangular, foram pioneiras ao introduzir o ministério feminino. Com isso, houve uma pressão sobre as demais denominações. Entre os protestantes tradicionais, também foram pioneiros os luteranos e os metodistas. E há ainda algumas igrejas, como a Igreja Presbiteriana do Brasil, que resistem à ideia.

Outra controvérsia se deu em relação ao termo *apóstolo*. Até o surgimento do Neopentecostalismo, as igrejas evangélicas tinham pastores

– em algumas denominações chamados *reverendos* – e bispos. A Congregação Cristã no Brasil, por sua vez, se refere aos líderes como anciãos. Com o tempo, alguns líderes começaram a utilizar o termo bispo, não no sentido original de administração diocesana, mas como hierarquização, para mostrar que estava acima dos demais pastores. Com o aumento do número de bispos, surgiu um cargo acima, o de apóstolo. Como quase sempre ocorre com as novidades no meio evangélico, essa ideia também foi importada dos Estados Unidos. O movimento de apóstolos modernos começou por lá com o pastor C. Peter Wagner. Aqui no Brasil, o movimento teve início em 2001, quando Valnice Milhomens se tornou a primeira pastora ungida com essa nomenclatura. E, então, vieram os demais apóstolos, que geralmente eram os cabeças de denominações: Estevam Hernandes, Valdemiro Santiago, Renê Terra Nova e Miguel Ângelo. Entre o movimento, não há um consenso sobre critérios para definir quem será ungido apóstolo. Em geral, tornou-se uma espécie de título para mostrar quem é que manda na denominação. As igrejas protestantes tradicionais, por sua vez, ainda resistem ao uso do termo, caracterizando-o como herético e profano.

Quase que paralelo ao fenômeno do surgimento dos apóstolos aconteceu o *Movimento G12*, que, por exceção, não chegou ao Brasil vindo dos Estados Unidos, mas da Colômbia, a qual, por sua vez, se inspirou no modelo de igrejas da Coreia do Sul. A ideia do Movimento G12 era criar células, isto é, encontros de estudo bíblico nas casas, formadas por 12 pessoas. Tal ideia é que novos participantes fossem agregando outros ao grupo, e, quando este atingisse o total de 24, ele se dividiria em dois de 12. Uma estratégia para aumentar o crescimento das igrejas.

Antes do surgimento desse movimento, as igrejas já tinham a prática de se reunirem nas casas para estudo bíblico e confraternização, mas sem a disciplina e metodologia rígidas que o movimento impôs, com metas e objetivos bem definidos. Além disso, no Movimento G12, os membros deveriam estudar o que havia sido predeterminado

CAPÍTULO QUATRO: HISTÓRIA DAS PRINCIPAIS CONTROVÉRSIAS NO BRASIL 159

semanalmente pelo líder da congregação. Era quase que um sistema de pirâmide ou marketing multinível: o líder da denominação passava as instruções para o líder da congregação local, que passava as instruções para os líderes das células, que lideravam seus membros. Além disso, a hierarquia e disciplina eram tão bem estruturadas que o líder acompanhava todos os aspectos da vida pessoal dos membros de sua célula. Um membro da célula, por exemplo, só poderia namorar com alguém se tivesse, previamente, a aprovação do seu líder. Uma das justificativas dadas para esse controle era (e ainda é) a necessidade de criação de laços e relacionamentos profundos entre os irmãos de fé.

O Movimento G12 foi imediatamente criticado e combatido pelas igrejas protestantes tradicionais, visto também como herético. E havia dois principais motivos para isso. O primeiro era o fato de que muitos membros de igrejas protestantes tradicionais começavam a frequentar tais células ao longo da semana e, com o tempo, acabavam deixando a congregação original e passando a fazer parte da nova denominação. À época, os protestantes tradicionais diziam que os neopentecostais estavam "pescando em aquário". O outro motivo é que, de tempos em tempos, quem desejasse se tornar líder de célula era recrutado para um retiro chamado *Encontro*. E havia um slogan: *O Encontro É Tremendo!*. O que acontecia lá? Ninguém de fora sabe exatamente ao certo. As pessoas não podiam levar celular, máquina fotográfica nem outro tipo de aparelho eletrônico. Quem foi relatava que havia uma disciplina rígida de padrão militar, com horário para tudo, e um fortíssimo apelo emocional. À época, muitos criticavam como "lavagem cerebral". De fato, as pessoas retornavam diferentes, mais fanáticas e motivadas a trabalharem pelo crescimento não só da sua célula, mas também da sua igreja.

Com o tempo, aquele fervor inicial foi esfriando. O aumento significativo do número de células espalhadas pelas casas de todo o país acabou diminuindo a hierarquia e a disciplina. E as igrejas protestantes tradicionais, como sempre, pouco a pouco foram aderindo. Para disfarçar, usavam o termo *pequenos grupos*, para que a ação não fosse confundida com o G12. Porém, outras igrejas protestantes tradicionais acabaram se rendendo até mesmo ao termo *células*. No entanto, sem um encontro motivador, como o movimento inicial, o engajamento foi bem menor. E, no mundo líquido descrito pelo sociólogo polonês Zygmunt Bauman, é cada vez mais comum que uma mesma pessoa frequente diversas células de diferentes denominações ao mesmo tempo.

Um adendo: quando o movimento pentecostal surgiu, era comum que as igrejas protestantes tradicionais se orgulhassem da superioridade intelectual de seus pastores quando comparados aos pastores das outras denominações. Denominações batistas, presbiterianas, metodistas, luteranas, anglicanas, adventistas e congregacionais tinham os seus seminários. Esses seminários eram locais que ofereciam curso de Teologia na estrutura de uma graduação, com a possibilidade de reclusão para quem desejasse ou precisasse, não sendo uma condição obrigatória como ocorre no Catolicismo.

Os pastores que se formavam nesses seminários eram tratados em suas congregações como portadores de diploma de curso superior, ainda que não houvesse esse registro no MEC. Eram chamados, assim, *cursos livres*. Tal fato também acontecia porque quem se formava num seminário fazia do ministério pastoral uma profissão, com sustento integral enquanto presidia uma congregação. Ainda é assim em várias denominações. Além disso, as igrejas protestantes tradicionais tinham mais inserção na classe média, e muitos membros também possuíam curso superior. Ter um curso teológico no formato de uma faculdade era uma maneira de legitimar os pastores dessas congregações para pregarem para um público escolarizado.

Os pastores das Assembleias de Deus, como vimos, não recebiam formação prévia. Eram ordenados ministros a partir da experiência que obtinham no cotidiano de suas igrejas. A Congregação Cristã no Brasil, como vimos, não tem a figura do pastor, mas do ancião, que também não precisa receber formação teológica para desenvolver suas atividades. E as novas denominações pentecostais que iam surgindo também não se preocupavam com uma formação acadêmica para os

CAPÍTULO QUATRO: HISTÓRIA DAS PRINCIPAIS CONTROVÉRSIAS NO BRASIL   161

pastores. Por isso, criou-se o estigma de que os pastores das igrejas protestantes tradicionais eram "estudados", enquanto os pentecostais eram "analfabetos". Isso começou a mudar a partir dos anos 2000. Vejamos algumas dessas mudanças.

Em primeiro lugar, foi ficando cada vez mais difícil para os aspirantes ao pastorado das igrejas protestantes tradicionais se mudarem com a família inteira para estudarem Teologia. É prática entre os evangélicos se casarem cedo, pois se pressupõe que, do contrário, a pessoa está "vivendo em pecado", praticando sexo fora do casamento. Essa cobrança é ainda maior entre os pastores, que não conseguem espaço para exercerem o ministério nas suas denominações enquanto estão solteiros. Consequentemente, as denominações começaram a abrir pequenos seminários em diversas cidades do Brasil para atender tal demanda. Além disso, nos primórdios, era comum que as igrejas protestantes tradicionais sustentassem financeiramente seus seminaristas, enquanto este ficava com tempo integral disponível para estudar em aulas diurnas. O aumento expressivo do número de postulantes ao ministério pastoral dessas igrejas impediu isso. Assim, a expansão de pequenos seminários pelas cidades do país foi acompanhada pela perda do internato e as aulas passaram a ser oferecidas no turno da noite. Portanto, à semelhança de qualquer outro curso superior, o postulante a pastor exercia sua profissão durante o dia e estudava Teologia à noite. Isso também acabou fazendo com que muitos desses novos cursos não tivessem a mesma qualidade dos anteriores. Dessa forma, pastores formados por eles recebiam o certificado, mas, na prática, não estavam em melhor situação intelectual que os pastores das igrejas que não exigiam tal formação.

Em segundo lugar, houve também um movimento para que os cursos desses seminários recebessem a chancela estatal, com o reconhecimento do MEC, para que seus diplomas tivessem, de fato, validade como cursos superiores. Isso gerou enorme polêmica em várias denominações, pois, para que houvesse tal reconhecimento, o MEC fazia diversas exigências na grade desses cursos, o que muitos viam como interferência do Estado na Igreja. Inúmeros seminários passaram por esse processo, e o curso de Teologia foi reconhecido como um curso superior. Alguns, porém, ainda oferecem os chamados "cursos livres", que servem para suas denominações, mas não são reconhecidos pelo Estado brasileiro como cursos superiores de fato.

E, em terceiro lugar, os pentecostais também passaram a se preocupar com uma formação teológica, principalmente por sentirem necessidade de obter mais conhecimento para os novos desafios que o século 21 impunha, sobretudo devido à facilidade na difusão de informações pela internet. Primeiro, uma boa quantidade de pastores pentecostais, individualmente, procuravam cursar Teologia nos seminários das igrejas protestantes tradicionais. Segundo, com o crescimento dessa procura, muitas igrejas pentecostais começaram a criar seus próprios seminários para formarem seus pastores. Assim, ainda que as igrejas protestantes tradicionais exijam essa formação, e as igrejas pentecostais muitas vezes a vejam como desejável, porém facultativa, os pastores pentecostais passaram a se formar como os pastores das igrejas protestantes tradicionais. Em terceiro e último lugar, o Pentecostalismo deixou de atuar exclusivamente nas classes economicamente desfavorecidas e começou a se fazer presente cada vez mais nas classes médias. Diante disso, independentemente de formação teológica, muitos pastores pentecostais deixaram o estereótipo de serem possuidores de pouco estudo, e essas denominações passaram a contar com pastores formados em Psicologia, Medicina, Direito, entre outros cursos, oferecendo um arcabouço substancial de conhecimento até mesmo para o ofício religioso.

Há uma confusão que se faz pelo uso de palavras iguais quando se trata de significados diferentes. Por isso, na introdução, sugerimos que o leitor leia este livro duas vezes. Aqui precisamos explicar um pouco melhor o significado das palavras *congregação* e *igreja*. Como dissemos, para os evangélicos, igreja são as pessoas, e não o local físico onde elas se reúnem. Por isso, o local onde elas se reúnem é chamado *templo*. A congregação é a reunião das pessoas que formam a igreja.

CAPÍTULO QUATRO: HISTÓRIA DAS PRINCIPAIS CONTROVÉRSIAS NO BRASIL 163

Isto porque, do ponto de vista teológico, existe a ideia de que a reunião de todos os cristãos, independentemente da denominação, forma a Igreja de Jesus. Neste sentido, a Igreja é uma só. É o conjunto total de pessoas que, ao final, irão para o Céu, independentemente da doutrina que confessavam. Essa totalidade de cristãos forma a Igreja invisível. Sempre que este grupo de cristãos se reúne, ali está formada uma congregação, que é uma possibilidade de visualizar parte dessa Igreja.

Do ponto de vista administrativo, existe uma hierarquia. Quando um grupo de cristãos se reúne periodicamente num determinado local fixo – o templo –, forma-se ali uma congregação. A direção dessa congregação responde a uma congregação maior, que se reúne periodicamente num templo também maior, chamado *igreja sede*. O conjunto de igrejas sede, por sua vez, reúne-se por proximidade geográfica e cria algum tipo de associação. E o conjunto de associações de regiões geográficas forma a denominação, a nível nacional, que pode se chamar *convenção* ou ter o nome da igreja. Por exemplo, algumas igrejas batistas se juntam em convenções estaduais, que, por sua vez, se juntam na Convenção Batista Brasileira, a denominação. Já as igrejas presbiterianas se juntam e formam a Igreja Presbiteriana do Brasil, também uma denominação. Geralmente essas grandes associações nacionais participam de associações internacionais que reúnem denominações iguais de diferentes países. Consequentemente, a relação entre a congregação local e a associação nacional difere de uma denominação para outra. Enquanto, por exemplo, os batistas são democráticos e deixam que cada igreja local tenha bastante autonomia, a Igreja Universal requer que todas as congregações espalhadas pelo mundo sejam obedientes à liderança central.

POLÍTICA

Quando aconteceu a Reforma Protestante, as igrejas eram ligadas à vida civil. A Igreja Anglicana, até hoje, é uma igreja estatal, inclusive a realeza da Inglaterra é quem chefia a Igreja. Por isso os Estados Unidos, quando se tornaram independentes, mudaram o nome para Igreja Episcopal. A Igreja Episcopal é uma Igreja Anglicana, porém, sem subordinação à realeza da Inglaterra. Como vimos, essa relação entre Estado e Igreja acabou gerando perseguições que fizeram os puritanos fugirem para a colônia americana, dando início aos Estados Unidos da América.

Apesar de, teoricamente, a Igreja Anglicana estar subordinada ao rei (ou rainha) da Inglaterra, atualmente ela é liderada pelo arcebispo de Cantuária, que, guardadas as devidas proporções, é uma espécie de papa anglicano. Ele é conhecido como bispo primaz e líder espiritual da Comunhão Anglicana, que congrega as diferentes denominações anglicanas do mundo, como a Igreja Episcopal Anglicana do Brasil e a Igreja Episcopal dos Estados Unidos.

Quando os Estados Unidos proclamaram independência e elaboraram sua Constituição, lembraram-se do passado de perseguição na Inglaterra e se alinharam ao princípio republicano de total separação entre Igreja e Estado. O Estado deveria ser laico, permitindo a qualquer pessoa a liberdade de escolher qualquer religião. Isto, porém, não significava que o cristão, individualmente, não pudesse participar diretamente da política partidária. Cada denominação tem um jeito de lidar com a política, mas, em geral, todas concordam que o cristão deve ser um exemplo de bom cidadão, cumprindo com suas obrigações, como pagar impostos em dia, votar e orar pelos governantes. A base é o texto bíblico de Romanos 13.

Em um lado extremo está, por exemplo, a Congregação Cristã no Brasil, que recomenda que seus membros não se envolvam com a política partidária. No outro extremo, a Igreja Universal do Reino de Deus, que praticamente tem seu próprio partido – o Republicanos –, e cujos líderes já se elegeram para vários cargos, como o bispo Crivella, que foi prefeito do Rio de Janeiro. No meio-termo está a maioria das igrejas. Institucionalmente, elas defendem a separação entre Igreja e Estado, mas fazem parcerias com o poder público e

CAPÍTULO QUATRO: HISTÓRIA DAS PRINCIPAIS CONTROVÉRSIAS NO BRASIL 165

incentivam que seus membros, individualmente, não apenas sejam bons cidadãos, mas se candidatem e, uma vez eleitos, lutem pelos princípios evangélicos, sobretudo aqueles que são consenso entre quase todas as denominações, como a condenação da homossexualidade, do uso de drogas e do aborto.

Não era assim no final do século 19 e início do século 20. Os evangélicos quase não tinham pretensões políticas, e poucos eram os que se filiavam a partidos políticos e se candidatavam. O Brasil não tinha pautas progressistas na agenda que os evangélicos identificassem como sendo uma ameaça. Como vimos, havia o tema do comunismo, mas os evangélicos eram sombreados pela Igreja Católica, totalmente dominante, que já o combatia com sucesso. E, nessa época, os evangélicos formavam um grupo muito pequeno (do ponto de vista numérico) para que qualquer posição pudesse influenciar a política nacional.

Como vimos, em 1964, boa parte dos evangélicos apoiou o golpe militar. Afinal, o discurso da ditadura era justamente para evitar a ameaça comunista. Salvo raras exceções, principalmente individuais, denominações como a Igreja Presbiteriana do Brasil e a Convenção Batista Brasileira ficaram cem por cento alinhadas com o regime militar. Entre essas exceções individuais se destacou a figura do pastor presbiteriano Rubem Alves.

Rubem Alves nasceu em 1933, em Boa Esperança, Minas Gerais, e se tornou pastor presbiteriano, pedagogo, psicanalista e professor da Unicamp, em São Paulo. Em 1968, defendeu sua tese de doutorado pela Universidade de Princeton, nos Estados Unidos. Foi o primeiro teólogo a elaborar e trabalhar com o conceito de Teologia da Libertação. Porém, em consequência da ditadura militar no Brasil, com o respectivo alinhamento da Igreja Presbiteriana, e da Guerra Fria no contexto internacional, Rubem Alves decidiu mudar o título de sua tese para Teologia da Esperança. Por isso, seu nome foi desassociado do conceito, cuja elaboração passou a ser creditada ao padre peruano Gustavo Gutiérrez, que três anos depois publicou o livro *Teologia da Libertação*.

Enquanto foi pastor na cidade de Lavras, em seu estado natal, Rubem Alves sofreu forte perseguição pela ditadura militar. Um colega seu, também pastor presbiteriano, dedurou-o como subversivo para o DOPS (Departamento de Ordem Política e Social). Acusado de praticar o pecado do comunismo, foi considerado um subversivo perigoso e entrou para a lista de vigiados para monitoramento militar até 1985, quando a ditadura terminou. Por causa disso, em 1970, desligou-se da Igreja Presbiteriana do Brasil, mas continuou atuando como teólogo, sendo reconhecido internacionalmente por várias instituições renomadas, enquanto era considerado herético em seu próprio país.

A Teologia da Libertação é uma corrente de pensamento que afirma que o Deus da Bíblia tem preferência pelos pobres e que, portanto, as religiões que dizem segui-lo deveriam se posicionar ao lado dos oprimidos. O texto áureo é o livro de Êxodo, em que Deus viu o sofrimento do povo hebreu como escravo no Egito e decidiu libertá-lo. Ao contrário do que é veiculado no senso comum, a Teologia da Libertação não é exclusiva da Igreja Católica. Ela teve seu auge no Cristianismo latino-americano das décadas de 1970 e 1980, defendida tanto por teólogos católicos como protestantes.

Os setores mais conservadores das igrejas acusavam esses padres e pastores de heréticos por fazerem uma leitura marxista da Bíblia. Tanto a Igreja Católica – principalmente os franciscanos –, quanto as igrejas evangélicas acreditam que é papel do cristão ajudar os pobres por meio de obras assistenciais. A Teologia da Libertação, porém, vai além: enquanto a obra assistencialista mantém os pobres nessa situação, a Teologia da Libertação considera que é preciso engajamento político para libertá-los do sistema capitalista injusto que gera opressão e os mantém na situação de pobreza. A Teologia da Libertação teve seu reflexo nas Comunidades Eclesiais de Base, que, inclusive, esteve na origem do PT (Partido dos Trabalhadores).

Como alternativa à Teologia da Libertação, em 1974, em Lausanne, os evangélicos celebraram um pacto que deu origem à *Missão Integral*. Muito parecida com a Teologia da Libertação, no sentido de

CAPÍTULO QUATRO: HISTÓRIA DAS PRINCIPAIS CONTROVÉRSIAS NO BRASIL   167

agregar a responsabilidade social às questões espirituais, mas sem a interpretação marxista, esta teologia compreende a missão cristã como holística, não podendo separar o evangelismo de todas as demais formas concretas de se expressar o amor de Deus. Foi uma maneira que os evangélicos encontraram para promoverem uma ação social e profética – no sentido de denúncia das mazelas sociais – sem serem confundidos com os partidos políticos de orientação socialista.

Com o fim da ditadura militar no Brasil em 1985, da URSS e da Guerra Fria em 1991, a religiosidade cresceu no mundo todo. Não foi por acaso que os evangélicos se multiplicaram no Brasil nesse período. As pessoas, desiludidas com ideologias e utopias políticas, migraram para ideologias e utopias espirituais como alternativa. Se não era mais possível construir um paraíso na Terra, a esperança só poderia ser um paraíso na vida além. Portanto, afora das iniciativas internas do movimento, o contexto era favorável ao crescimento de novas religiões.

Como consequência do período ditatorial, a década de 1990 e a primeira década do novo milênio foram marcadas pela expansão da centro-esquerda, como a social-democracia, que lutava contra as desigualdades sociais que o regime militar havia acentuado, mas sem se alinhar com o comunismo, que agonizava. Após a Lei da Anistia em 1979, surgiram vários partidos de alguma forma alinhados com esse pensamento: o PSDB, o PT, o PDT e o PSB. Os evangélicos se identificavam com o ideal de justiça social sem negação da vida espiritual e, por isso, começaram a surgir alguns candidatos evangélicos. O mais emblemático desse período, como vimos, foi Anthony Garotinho.

Anthony William Matheus de Oliveira ganhou o apelido de Garotinho em 1975, quando trabalhava como radialista na sua cidade natal, Campos dos Goytacazes, no norte fluminense, quando, aos 15 anos, narrou um trecho de uma partida de futebol imitando um locutor esportivo carioca que tinha o mesmo apelido. Em 1981, incorporou o apelido ao nome, ano em que também se casou com Rosângela Barros Assed Mahteus de Oliveira, que passaria a ser conhecida como Rosinha Garotinho.

Em 1995, Anthony Garotinho e sua esposa se tornaram evangélicos, membros da Igreja Presbiteriana do Brasil. Garotinho se candidatou, foi eleito e exerceu vários cargos: vereador e prefeito de Campos, e governador do Rio de Janeiro, todos por partidos de esquerda, como PT, PDT e PSB. Em 1998, durante a campanha para governador do Rio pelo PDT, evitou se apresentar como evangélico. Dizia, em entrevistas, que não gostaria de misturar religião e política. O cenário foi diferente em 2002, quando foi candidato a presidente da República pelo PSB e obteve o terceiro lugar. Sua campanha teve apoio de diversos grupos evangélicos que viam em Garotinho a possibilidade de eleger um representante deste segmento para o principal cargo político do Brasil.

Havia também Marina Silva, que não fez da sua bandeira política ser evangélica, mas a defesa do meio ambiente. Maria Osmarina da Silva, seu nome de batismo, nasceu em 1958 em Rio Branco, Acre. No ano 2000, tornou-se evangélica da Assembleia de Deus.

Em 1986, ela se filiou ao PT e se candidatou a deputada federal, mas não foi eleita. Em 1988, foi a vereadora mais votada de Rio Branco. Em 1990, foi eleita deputada estadual e, quatro anos depois, senadora. Em 2003, foi nomeada ministra do Meio Ambiente. Porém, desentendimentos posteriores levaram Marina a se desfiliar do PT e passar por outros partidos, como o Partido Verde, até finalmente fundar o Rede Sustentabilidade em 2015. Somente na campanha para presidente da República de 2014 é que Marina Silva se aproximou do movimento evangélico. Em 2023, voltou a ser ministra do Meio Ambiente.

Como vimos, o movimento evangélico deu uma guinada a partir da eleição do Presidente Luiz Inácio Lula da Silva, por causa da inclusão das pautas progressistas. Temas como casamento gay e aborto na agenda do dia fizeram com que boa parte do movimento evangélico se alinhasse com a direita e passasse a demonizar a esquerda. Mais uma vez, isso também caminhava em conjunto com uma

CAPÍTULO QUATRO: HISTÓRIA DAS PRINCIPAIS CONTROVÉRSIAS NO BRASIL 169

tendência internacional, em que movimentos conservadores começaram a reaparecer no cenário político.

Infelizmente hoje, muitos evangélicos se esquecem dos problemas que podem acontecer quando essa separação não é respeitada e tentam se apropriar do Estado para usar seu poder de impingir a própria ética cristã à sociedade. Quem o faz acredita que isso será o melhor para a sociedade. Porém, depois que todos os evangélicos se unirem contra tudo que não for evangélico, serão vítimas das próprias controvérsias que, como estamos vendo aqui, não são poucas. Como fariam os adventistas se os assembleianos obrigassem todos a celebrar o domingo, e não o sábado, ou vice-versa? Como fariam os presbiterianos se os batistas usassem o poder do Estado para obrigar todos a se batizarem por imersão e não por aspersão, ou vice-versa? Até que ponto seria possível um diálogo para se usar um denominador comum? É por isso que a liberdade é fundamental e o Estado não pode se envolver com religião. Pois entre as próprias denominações evangélicas pode acabar acontecendo o que aconteceu com as tribos na África: quem tem o poder do Estado na mão persegue os diferentes. Imagine, então, o tamanho da discussão quando trazemos para o debate a lembrança de que os evangélicos são minoria no Brasil.

DOUTRINA

Podemos definir *doutrina* como o conjunto de crenças de uma determinada religião. No caso dos evangélicos, há doutrinas que são fundamentais e comuns a todos. A primeira, claro, é a existência de Deus, que também é o Criador do mundo. Outra doutrina comum é que esse Deus se revelou à humanidade por meio de um livro sagrado, a Bíblia. Segundo essa Bíblia, há vida após a morte física, que pode se resumir em dois caminhos diferentes: o Céu, ou Paraíso, para quem crê em Jesus como Salvador, e o Inferno, para quem nega Jesus. Jesus é o Filho de Deus e, para a maioria, uma das pessoas da Trindade.

A principal diferença doutrinária entre os evangélicos e os católicos não é sobre a intercessão dos santos ou o uso de imagens, mas o caminho para a salvação da alma: para os evangélicos, o único caminho se dá mediante a graça – crer em Jesus como Senhor e Salvador. Os evangélicos enfatizam passagens bíblicas, como Efésios 2:18. As boas obras são consequência. Para os católicos, o caminho para a salvação é tanto acreditar em Jesus, quanto praticar boas obras. Enfatiza-se a passagem de Tiago 2:24. Enquanto os evangélicos acreditam que somente a Bíblia é a autoridade final em matéria de fé, os católicos acreditam no tripé Bíblia, Tradição e autoridade papal. Essa é a razão por que há tantas igrejas evangélicas diferentes, enquanto a Igreja Católica permanece unificada. À medida que os evangélicos vão fazendo diferentes interpretações do texto bíblico, vão surgindo diferentes denominações.

Muitas divergências acontecem porque não há um critério definido na hora de decidir quando um texto da Bíblia é literal e quando é simbólico. Imagine um batista, um adventista e um presbiteriano debatendo. O adventista indagará ao batista por que ele guarda o domingo quando, na Bíblia, a ordem expressa é para a guarda do sábado. O batista responderá que o importante é guardar um dia, não sendo necessariamente o sábado. Que o sábado é uma ordem do Antigo Testamento, que não se aplica mais no Novo Testamento. Ou seja, o batista relativiza algo que o adventista acredita que deve ser literal. Em seguida, o batista perguntará ao presbiteriano por que eles batizam por aspersão, quando a Bíblia fala que se deve batizar por imersão. A própria palavra *batismo* significa *mergulho* em grego, argumentam. O presbiteriano, então, dirá que o importante é batizar, não importando a forma. O presbiteriano, portanto, relativiza o que o batista entende como literal. E, mesmo que o batista tenha relativizado o argumento do adventista, não aceitará que o presbiteriano faça o mesmo contra o seu argumento. Enquanto os evangélicos debatem essas questões, os católicos resolvem de maneira prática e objetiva: o papa dá a palavra final sobre o que é literal e o que é relativo. Nesse aspecto, a Igreja Católica já relativizou – e explicou – as passagens contra

CAPÍTULO QUATRO: HISTÓRIA DAS PRINCIPAIS CONTROVÉRSIAS NO BRASIL   171

a utilização de imagens. Mesmo assim, o evangélico tradicional jamais aceitará que os católicos relativizem o uso de imagens nos templos, ainda que ele mesmo coma carne de porco sem se preocupar com as proibições bíblicas para isso.

A maior controvérsia doutrinária entre os evangélicos, na verdade, é anterior ao próprio movimento e remonta aos primeiros séculos da era cristã. Trata-se do Calvinismo *versus* o Arminianismo. Há muito tempo, no século V, dois padres debateram sobre a capacidade de o homem alcançar a salvação da sua alma. Para Agostinho de Hipona (Santo Agostinho para os católicos), o homem por si só é incapaz de não pecar e, por isso, só poderia ser salvo mediante uma ação externa de Deus. Essa foi a base para a doutrina da graça irresistível. Se Deus deixar o homem escolher, ele nunca escolherá Jesus. Portanto, Deus escolheu alguns para salvar pela força. Aqueles que Deus escolheu eram os *predestinados*. Pelágio, por outro lado, argumentava que, apesar do pecado original, o homem ainda manteve a imagem de Deus, que o capacita a escolher entre o certo e o errado. Logo, o homem ainda tem livre-arbítrio para escolher ou rejeitar a salvação em Cristo.

No século 16, após a Reforma Protestante, esse debate foi retomado entre Calvino, que defendia a posição de Agostinho, e Armínio, que defendia a posição de Pelágio. Surgiram os termos *calvinista* para quem acredita na predestinação e *arminiano* para quem acredita no livre-arbítrio. Muita gente confunde a teologia da predestinação com a teologia da eleição. A teoria da eleição faz parte da teologia arminiana, isto é, o homem tem livre-arbítrio para escolher, mas Deus, em sua onisciência, já sabe de antemão quem irá escolher e quem irá rejeitar. Na teologia da predestinação, não se trata de Deus *saber* de antemão quem vai escolher e quem vai rejeitar, mas de *escolher* quem vai aceitar ou não. Em consequência, veio outra discussão: a pessoa que escolheu aceitar Jesus como Salvador estará salva para sempre ou poderá, posteriormente, rejeitar a salvação e voltar ao estado anterior de perdição? Importante lembrar que o objetivo deste livro não é argumentar sobre nenhum ponto de vista, mas mostrar ao leitor todas as possibilidades existentes dentro do meio evangélico.

Diante de várias possibilidades e controvérsias, iremos apresentar, abaixo, resumidamente, algumas delas. O estudo na Teologia sobre a salvação da alma se chama *soteriologia*. Dentro da soteriologia são inúmeras as posições. A salvação, para a Teologia cristã, não tem a ver somente com o destino após a alma. Dentro do conceito de Reino de Deus, acredita-se que, quando uma pessoa é salva, a vida dela muda e ela já começa a desfrutar os benefícios da salvação ainda nesta vida. Vamos às posições.

Posição 1 – *Universalista*: no fim, todas as pessoas serão salvas e irão para o Céu, independentemente de religião, credo ou ações. Essa é a posição menos aceita. Pouquíssimas denominações seguem essa tendência.

Posição 2 – *Predestinação*: o homem não pode escolher. A salvação é uma escolha de Deus. Ele escolheu e predeterminou o destino de cada um. Uma vez que uma pessoa foi escolhida, em algum momento ela terá um encontro sobrenatural com Jesus, e sua alma será selada para o Céu no Juízo Final. E uma vez que a pessoa foi salva, estará salva para sempre, e não poderá voltar atrás. Se em algum momento abandonar a caminhada cristã será porque, na verdade, ela não tinha chegado a ser salva de verdade. É a posição da maioria dos presbiterianos.

Posição 3 – *Livre-arbítrio total no início*: o homem pode escolher. Tanto que pode tomar a iniciativa, por conta própria, de ir até Jesus em busca da salvação. Uma vez que ele obtenha essa salvação, não voltará atrás. Ele não perderá a salvação. Assim como na predestinação, argumenta-se que, se em algum momento a pessoa abandonar a caminhada cristã, será porque, na verdade, ela não tinha chegado a ser salva de verdade. Essa é a posição da maioria dos metodistas.

Posição 4 – *Livre-arbítrio total no início e no fim*: o homem pode escolher tudo. Pode escolher aceitar ou rejeitar Jesus, e assim obter a salvação da sua alma e, depois que a tenha obtido, ainda poderá

CAPÍTULO QUATRO: HISTÓRIA DAS PRINCIPAIS CONTROVÉRSIAS NO BRASIL   173

escolher rejeitá-la e voltar ao estágio anterior. Ele pode, ao longo da vida, escolher aceitar e rejeitar várias vezes. É uma loteria: se morrer no período que estava reconciliado com Deus, irá para o Céu. Mas, se morrer no período que estava desviado da fé, irá para o Inferno. Essa é a posição da maioria dos assembleianos.

Posição 5 – *Livre-arbítrio parcial*: por causa do pecado original, o homem não tem capacidade de ir até Deus por conta própria. Então, Deus toma a iniciativa, por meio do Espírito Santo, de salvá-lo. Mas o homem tem a palavra final e poderá escolher ou rejeitar. Uma vez que decida responder sim ao chamado de Deus, e for salvo, será salvo para sempre. Não poderá voltar ao estágio anterior, e, se no caminho se desviar, será sinal de que não havia chegado a ser salvo de verdade. Essa é posição da maioria dos batistas.

Sobre soteriologia, não podemos deixar de fora a doutrina do *aniquilacionismo*, sendo a Igreja Adventista sua principal representante. O aniquilacionismo é uma doutrina segundo a qual as almas dos pecadores que não se arrependeram nem creram em Jesus serão aniquiladas após a morte do corpo físico. De acordo com essa visão, no retorno de Jesus Cristo, este ressuscitará todos os mortos, realizará o Juízo Final e, como consequência, aqueles que não O aceitaram em seu coração serão castigados proporcionalmente aos seus pecados. Depois, a alma será aniquilada e destruída para sempre.

O fundamento dessa doutrina é que a tortura eterna aos pecadores no Inferno é incompatível com o caráter amoroso do Deus cristão. Além disso, argumentam que é injusto, uma vez ser desproporcional uma pessoa sofrer a eternidade toda no Inferno por pecados que ela cometeu numa vida limitada, ferindo o caráter justo do Deus cristão. Para justificar, afirmam que as passagens bíblicas que fazem referência ao Inferno como castigo eterno têm caráter simbólico. No caso da parábola do Rico e de Lázaro, por exemplo, o próprio texto afirma ser uma parábola.

É importante lembrar que, no imaginário popular, o Inferno é um lugar de reino do Diabo, e ele castiga a pessoa com seu tridente vermelho por puro prazer. No entanto, segundo a teologia bíblica, o Inferno é um lugar criado para castigar o Diabo e seus anjos. Assim, não se trata de um reino paralelo ao Reino de Deus no Céu, mas um lugar puramente de castigo, onde todos, pessoas e demônios, serão castigados para sempre no além.

Outra controvérsia, como já falamos, refere-se a qual dia da semana guardar. A maioria dos evangélicos acompanha os católicos e guarda o domingo como dia santo. Isso porque, conforme a Bíblia, eles acreditam que Jesus ressuscitou num domingo. Além disso, na própria Bíblia se lê que os primeiros cristãos se reuniam aos domingos (Atos 20:7). Já os adventistas preferem guardar o sábado. Eles argumentam que essa é a ordem expressa em passagens do Antigo Testamento, como os 10 mandamentos, e foi o dia que Deus descansou após completar a criação, conforme o livro de Gênesis.

Mais outra controvérsia refere-se ao batismo no Espírito Santo e aos dons espirituais. Para as igrejas protestantes tradicionais, no momento em que uma pessoa se converte, ela é batizada no Espírito Santo. Todas as pessoas recebem dons espirituais para servir à comunidade, mas os dons extraordinários, que faziam milagres, eram exclusivos para o início do Cristianismo e já cessaram. Assim, falar línguas significa dominar idiomas estrangeiros para fazer traduções. Para os pentecostais, o batismo no Espírito Santo é uma segunda bênção após a conversão, que demonstra para a comunidade que o cristão alcançou maturidade espiritual. Sua manifestação deve ser acompanhada necessariamente de manifestação sobrenatural. Nesse sentido, falar línguas significa falar a língua dos anjos, ou línguas estranhas.

Por fim, destacamos a *doutrina da prosperidade*. Essa doutrina é defendida, principalmente, pelos neopentecostais e paraevangélicos das igrejas Universal, Internacional e Mundial. Significa que a marca que o verdadeiro cristão demonstra é ter uma vida próspera do ponto de vista financeiro e material, na sua saúde, profissão e na estrutura familiar. Caso o cristão ainda não tenha alcançado o sucesso é porque está escondendo algum pecado, impedindo Deus de abençoá-lo, ou há

CAPÍTULO QUATRO: HISTÓRIA DAS PRINCIPAIS CONTROVÉRSIAS NO BRASIL 175

uma maldição diabólica em sua vida, que precisa ser quebrada por meio de campanhas de jejum e oração – inclusive maldição herdada dos pais –, ou mesmo uma obra do Diabo contra a qual ele precisa travar uma batalha espiritual.

Neste ponto, também é muito importante fazer uma distinção de conceituação. O sociólogo alemão Max Weber, cujo livro citamos no primeiro capítulo, percebeu uma relação direta entre a Reforma Protestante e o surgimento do capitalismo. Na Idade Média, pregava-se que quem desejasse uma vida espiritual melhor deveria afastar-se do mundo. Lutero e Calvino perceberam que, ao contrário do que ensinara a Igreja Católica, o verdadeiro cristão deveria exercer sua vocação no mundo, e não dele se afastar. Mas, ao mesmo tempo em que exercia essa vocação trabalhando, não deveria ter prazer nas coisas mundanas, saciando sua carne. Na Idade Média, acreditava-se, portanto, que as pessoas seriam salvas pelo que faziam ou deixavam de fazer. Então elas se afastavam do mundo para evitar pecar e viver uma vida mais santificada.

Quando Lutero pregou que a salvação se dava pela graça, essa relação mudou, já que não seria necessário tanto radicalismo. E quando Calvino pregou a predestinação, a relação mudou ainda mais, já que, por essa doutrina, ficou estabelecido que a salvação era uma decisão prévia de Deus, e por isso o que a pessoa fazia ou deixava de fazer não faria diferença na sua salvação. Essa relação fez com que o protestante, principalmente o calvinista, acumulasse dinheiro. A lógica é simples: Se o cristão passa a trabalhar, mas ao mesmo tempo se priva de desfrutar de luxo e outros prazeres mundanos, então ele acumula o dinheiro ganho e passa a investir. O investimento gera mais dinheiro, que continua sendo acumulado. Logo, para Weber, os Estados Unidos se tornaram uma nação rica porque a maioria de seus cidadãos, naquele contexto, era calvinista.

Nos dias atuais, é muito importante fazer uma distinção da análise de Weber com a doutrina da Teologia da prosperidade neopentecostal, que tem sido objeto de alguns equívocos. Ao associar o estudo de

Weber – que recortou o Protestantismo calvinista –, à doutrina da predestinação com o Protestantismo neopentecostal e a Teologia da prosperidade, o estudante acaba por cair num grande erro metodológico. É importante pontuar que o Protestantismo que Weber estudou é bem diferente do Neopentecostalismo contemporâneo. O protestante dos Estados Unidos, que Weber recortou como objeto de estudo, não pregava que a sua fé o tornaria rico, tampouco era esse o objetivo. Lá, o acúmulo de capital aconteceu como decorrência de uma vida empenhada no trabalho e ascética. O protestante não acumulava para seu benefício próprio, mas visando, inclusive, a expansão da sua fé. Já o Neopentecostalismo atual, ao apregoar a Teologia da prosperidade, busca num Deus generoso benesses para desfrutar o melhor possível nesta vida. São, portanto, teologias, motivações e comportamentos muito diferentes.

Costumes

O que muita gente confunde com doutrina, na verdade, são costumes. Há uma tendência entre os evangélicos de, num primeiro momento, condenar como diabólica toda novidade que aparece. Depois, com o tempo, se adaptar e até mesmo fazer uso dela. No início do século 20, os evangélicos condenavam como diabólico o futebol, o cinema, a televisão e andar de bicicleta. A bola de futebol era apelidada de "ovo do Diabo". Quem fosse visto indo ao cinema era expulso da congregação. O cristão jamais poderia ter uma televisão dentro de casa e, quando fosse em outros lugares em que houvesse uma, não poderia assistir. A bicicleta era condenada, pois a forma de pedalar com as pernas abertas era vista como imoral, principalmente para as mulheres.

Aos poucos, isso foi mudando. O futebol passou a ser usado como meio de evangelização. Foi criada a entidade Atletas de Cristo, movimento integrado por atletas de várias denominações e modalidades esportivas, em 1984. Como visto, há igrejas hoje em dia cujos pastores pregam com a camisa do time do coração. O cinema também passou a

CAPÍTULO QUATRO: HISTÓRIA DAS PRINCIPAIS CONTROVÉRSIAS NO BRASIL 177

ser instrumento de evangelização. E, a partir da década de 1980, os evangélicos perceberam que a televisão não só poderia ser permitida, como também era uma importante ferramenta de propagação da fé evangélica. O movimento começou com destaque para o pastor presbiteriano Caio Fábio, que tinha um programa chamado *Pare & Pense* e uma organização chamada *Vinde*.

Na década de 1980, Caio Fábio e seu programa *Pare & Pense*, transmitido principalmente nas manhãs de sábado na TV Manchete, era sucesso de audiência. Um pastor da Assembleia de Deus da Penha, no Rio de Janeiro, também dava os primeiros passos, mas com pouco ibope. Seu nome era Silas Lima Malafaia e ele usava um caricato bigode enquanto pregava sempre com muita eloquência e até mesmo humor.

Aliás, celeumas envolvendo evangélicos nunca faltaram na história do movimento. Como dissemos no segundo capítulo, a década de 1980 foi marcada por escândalos sexuais envolvendo televangelistas famosos. Em 2013, o pastor carioca Marcos Pereira da Silva, da Assembleia de Deus dos Últimos Dias, foi acusado de estupro – condenado a 15 anos de prisão, porém absolvido em 2021 –, lavagem de dinheiro e associação para o tráfico de drogas. Apesar de não ter um programa de TV próprio, ficou famoso principalmente a partir de 2004, quando intermediou e deu fim a uma rebelião na Casa de Custódia de Benfica, no Rio de Janeiro.

Sucesso de audiência na televisão, o pastor Caio Fábio acabou associando seu nome a algumas polêmicas. Inicialmente, destinava 90% dos direitos autorais dos mais de 6 milhões de livros vendidos para o trabalho social. Depois, em 1994, passou a fazer uso do dinheiro. Em 1999, em entrevista à revista *Veja*, Caio declarou que precisava da quantia para sustentar os filhos. Entre 1995 e 1996, foi a vez de outra polêmica. A polícia encontrou papelotes de cocaína nas dependências da Fábrica de Esperança, projeto social que ele implantara na favela de Acari, no Rio de Janeiro.

Em 1998, denunciado pelo Ministério Público sob acusação de crime de calúnia, respondeu judicialmente por seu envolvimento no caso Dossiê Cayman, um conjunto de documentos, sem veracidade comprovada, que acusava políticos – inclusive o então presidente da República, Fernando Henrique Cardoso – de movimentarem contas bancárias em paraísos fiscais no Caribe. Como consequência desse processo, em 2017, Caio Fábio chegou a ser preso por quatro dias. Então, no ano seguinte ao escândalo do Dossiê Cayman, em 1999, tornou-se público o caso extraconjugal que mantinha com a secretária, o que o retirou da posição de líder evangélico. Entre os evangélicos, este episódio ficou conhecido como "queda do pastor Caio Fábio". E, como consequência, em 2003, deixou o ministério como pastor da Igreja Presbiteriana do Brasil.

Também foi no início da década de 1990 que Edir Macedo, bispo e líder da Igreja Universal do Reino de Deus, comprou a TV Record, fundada em 1953 pelo empresário Paulo Machado de Carvalho – Silvio Santos detinha 50% da emissora. A concessão do canal foi cedida pelo então Presidente Fernando Collor de Melo como uma espécie de vingança contra a TV Globo, que à época articulava nos bastidores seu impeachment.

A década de 1980 foi a década das danceterias. Se o cinema e a televisão estavam liberados, as casas de show jamais. Da mesma forma, era proibido frequentar bares, consumir bebidas alcóolicas – ainda que muitos bebessem escondido –, assim como qualquer tipo de vício e jogo de azar, desde apostar em corridas de cavalo a jogar na Loteria Federal. Mas não eram raros os momentos em que dois irmãos da mesma igreja se encontravam por acaso numa casa lotérica e ficavam constrangidos.

Neste ponto é interessante ver que as igrejas protestantes tradicionais e as denominações mais novas, de vertente pentecostal e neopentecostal, se contrapunham. Enquanto, no tocante à música e à liturgia, as igrejas protestantes resistiam às inovações das denominações pentecostais, chamando ritmos e determinados instrumentos de diabólicos, profanos ou heréticos, no que se refere aos costumes era o contrário: as igrejas protestantes tradicionais iam se adaptando com maior

CAPÍTULO QUATRO: HISTÓRIA DAS PRINCIPAIS CONTROVÉRSIAS NO BRASIL 179

facilidade, enquanto as pentecostais e neopentecostais resistiam e condenavam como diabólico, herético e profano. Era comum que fiéis de igrejas pentecostais e neopentecostais chamassem os membros de igrejas protestantes tradicionais de frios, católicos disfarçados, mornos e outros adjetivos pejorativos, pois estes frequentavam cinemas, danceterias e até bebiam. Muitos ficavam escandalizados quando viam os luteranos e presbiterianos bebendo cerveja nos retiros. Quando iam para o exterior e viam protestantes fumando, o escândalo era maior ainda.

A aparência também era muito vigiada, e o jovem não poderia se parecer com o "jovem do mundo". Tatuagens eram completamente proibidas. Algumas denominações impunham um rígido controle sobre o vestuário feminino. As mulheres da Assembleia de Deus deveriam usar somente saias abaixo dos joelhos. Quanto mais longas, melhor. Calça era roupa masculina. O cabelo não poderia ser cortado. Cabelo curto é coisa de homem. Por isso, a Assembleia de Deus ficou conhecida pelas mulheres de coque. Com o tempo, a Assembleia de Deus se modernizou. Mas a Congregação Cristã no Brasil e a Igreja Adventista ainda resistem. As adventistas também não devem usar joias.

Sobre os costumes, havia uma polêmica a respeito de ser permitido ou não ao jovem cristão ouvir música que não fosse evangélica, que eles denominavam "música do mundo". Hoje em dia, apesar de ainda haver evangélicos que defendem esses posicionamentos, eles se tornaram mais objeto de piadas e memes na internet. Mas, naquela época, esses temas eram seríssimos, capazes de dividir congregações inteiras.

Existe um livro muito famoso, intitulado *As origens sociais das denominações cristãs*, de H. Richard Niebuhr, no qual o autor se deteve em analisar o contexto anglo-saxão. Desconhecemos estudo semelhante sobre os evangélicos no Brasil. Aqui, também sabemos que a classe social influencia na denominação em que uma pessoa ingressará. No início, era comum que houvesse uma diferença básica: os ricos frequentavam as igrejas protestantes tradicionais, enquanto os pobres, as pentecostais e neopentecostais. A Assembleia de Deus foi pioneira em penetrar nos lugares mais pobres, inclusive favelas. Com o tempo, isso também mudou. Famosos e ricos começaram a ingressar em igrejas neopentecostais. No final da década de 1990, o jogador da Seleção Brasileira de Futebol, Kaká (Ricardo Izecson dos Santos Leite), tornou-se membro da Igreja Renascer em Cristo. Hoje em dia, já não é mais possível fazer essa distinção de classe – ainda que algumas igrejas tenham começado com públicos definidos por classes sociais. Há ricos e pobres em todas as denominações. As igrejas protestantes tradicionais ainda concentram mais a parcela intelectual dos evangélicos, ao contrário dos paraevangélicos, como Universal, Mundial e Internacional, que congregam pessoas mais humildes. Até porque, num país onde o Estado não oferece garantia de saúde, pleno emprego e segurança, resta aos menos favorecidos buscarem socorro e conforto em promessas espirituais de cura, proteção e provimento.

A MAÇONARIA

A maçonaria, ao contrário do que muita gente pensa, não é uma religião. Trata-se de uma *sociedade fraterna discreta*, ou *confraria*, popularmente conhecida como "sociedade secreta", que se reúne com alguns objetivos, como a promoção da filantropia. O nome remete à palavra *maçon*, que significa *pedreiro* em francês. O mistério gira em torno de rituais e cumprimentos, palavras e sinais usados em segredo para que seus membros se reconheçam entre si. As origens são controversas, mas sabe-se que a maçonaria se estabeleceu após o Iluminismo, inclusive adotando para si o mesmo lema do movimento filosófico: Igualdade, Liberdade, Fraternidade. Para ser maçon é preciso professar a fé em alguma divindade. Como a maçonaria é uma instituição ecumênica, usam-se termos genéricos para Deus, como *O grande arquiteto do universo*.

Desde a chegada dos primeiros missionários protestantes tradicionais até o movimento pentecostal clássico, não havia conflito entre ser

CAPÍTULO QUATRO: HISTÓRIA DAS PRINCIPAIS CONTROVÉRSIAS NO BRASIL   181

cristão e maçom. Inclusive, a maçonaria foi responsável por ajudar os protestantes a se instalarem no Brasil durante o regime do padroado, quando o país era oficialmente católico e a pregação de qualquer outra religião para ganhar adeptos, proibida. Já que pregar outra religião era crime, muitos pastores escapavam de condenações e prisões enquanto pregavam, justamente por serem maçons, tal qual delegados e juízes. Os maçons apoiavam a transição de Monarquia para República, ideal que interessava aos missionários protestantes, que desejavam a separação entre Igreja e Estado para poderem pregar livremente. Muitos templos protestantes, como a Primeira Igreja Batista no Rio de Janeiro, têm a mesma aparência e estrutura arquitetônica de uma loja maçônica.

O primeiro conflito ocorreu, como dissemos, com o surgimento da Igreja Presbiteriana Independente do Brasil. Em 1863, iniciou-se um trabalho presbiteriano em São Paulo, com a organização da Primeira Igreja Presbiteriana em São Paulo, em 1865, pelo missionário Alexander Latimer Blackford (1829-90). Em 10 de dezembro de 1898, um membro da igreja publicou um artigo no jornal denominacional *O Estandarte* contra a participação dos membros da igreja na maçonaria, dando início aos debates. Quatro anos depois, em 1902, o então pastor da igreja, Eduardo Carlos Pereira, começou uma campanha contra a maçonaria, propondo um programa de reforma.

A proposta de reforma foi submetida a votação no sínodo (órgão de deliberação da denominação) reunido nos dias 30 e 31 de julho de 1903. Eduardo Carlos Pereira obteve somente 17 votos contra 52 contrários à sua proposta. Os que saíram derrotados deixaram a reunião e foram para o prédio da Primeira Igreja Presbiteriana de São Paulo, onde decidiram se desfiliar da então Igreja Presbiteriana do Brasil e fundar a Igreja Presbiteriana Independente, a primeira igreja evangélica oficialmente contra a maçonaria.

Porém, foi somente com o advento do movimento neopentecostal que o conflito entre evangélicos e maçons se tornou popular, quando a terceira onda do Pentecostalismo elegeu como uma de suas bandeiras a demonização da maçonaria. Quando o movimento neopentecostal demoniza a maçonaria, ele se aproxima mais da Igreja Católica do que do Protestantismo tradicional. Em 28 de abril de 1738, o Papa Clemente XII expediu a bula *In Eminenti Apostolatus Specula*, proibindo católicos de se tornarem maçons. Isso porque a maçonaria apoiava os ideais iluministas, como a separação entre a Igreja e o Estado, que a Igreja Católica condenava, entre outros pontos.

Apesar de haver inúmeros protestantes tradicionais maçons – inclusive pastores –, a nova geração dessas igrejas embarcou no discurso neopentecostal e passou a condenar a maçonaria e desprezar seus membros, o que resultou na revisão de posturas oficiais. A própria Igreja Presbiteriana do Brasil, que, em 1903, não aceitou a posição de Eduardo Carlos Pereira, um século depois mudou de ideia e concluiu que a maçonaria era incompatível com a fé cristã. Alguns evangélicos mais moderados a criticam pelo seu caráter ecumênico, pois os maçons chamam de *irmãos* aqueles que professam outra religião, enquanto os evangélicos só consideram irmãos aqueles que confessam exclusivamente Jesus como Senhor. Outros, mais radicais, condenam a maçonaria como obra diabólica, dado seus rituais secretos. Muitos se baseiam na literatura de supostos maçons que deixaram a Loja após se converterem e revelaram os segredos diabólicos da instituição. O irônico é que várias denominações neopentecostais condenaram a maçonaria por realizarem atividades secretas, enquanto faziam exatamente o mesmo com o *Encontro*, como vimos.

Como Entender as Igrejas Evangélicas e os Evangélicos

Por mais que a literatura acadêmica na área de Ciências Humanas a respeito dos evangélicos no Brasil seja extensa e profunda, ela não consegue explicar algumas questões sobre esse grupo. E como pressupõe a Antropologia, uma pessoa que olhar de fora, sem nunca ter tido uma experiência imersa no mundo evangélico, também terá

CAPÍTULO QUATRO: HISTÓRIA DAS PRINCIPAIS CONTROVÉRSIAS NO BRASIL

muitas dificuldades para compreender satisfatoriamente este mundo em suas peculiaridades. A história dos movimentos nos ajuda a compreender, mas nenhuma explicação racional dará conta de todas as possíveis experiências individuais. Vamos falar um pouco sobre essas experiências.

Em geral, um evangélico não se considera um religioso. Se você disser para ele que quer debater religião, a primeira coisa que ouvirá será ele dizer que aquilo em que acredita não é uma religião, mas, antes, um relacionamento pessoal e espiritual com Jesus. Um evangélico não se importa com evidências científicas ou argumentos acadêmicos sobre a sua fé, pois sempre se baseia nas próprias experiências metafísicas. Ninguém deixa de ser evangélico porque alguém o convenceu racionalmente. Ele deixa de ser evangélico quando suas próprias experiências já não fazem mais sentido para ele. Do ponto de vista acadêmico, esse discurso de que a fé cristã não é uma religião é uma forma de legitimar uma pretensão de superioridade qualitativa perante outras religiões, mas o evangélico, individualmente, não perceberá isso.

Quando a experiência espiritual deixa de fazer sentido, ou quando um evangélico começa a fazer questionamentos, ele não rompe de uma vez com a sua igreja. É um processo longo e traumático que, em geral, segue alguns passos. Primeiro, aquele que se vê desapontado tenta justificar para si mesmo que a instituição é falha por ser governada por homens e tenta se manter, argumentando que está ali em busca de experiências com Jesus, e, para tal, pouco importa a mediação humana. Alguns conseguem se encaixar assim.

Outros partem para o passo seguinte, que é a busca por uma nova instituição ou denominação. Ele conclui que aquela em que está é mais problemática por uma série de razões e que, se for para outra, os problemas que o levaram ao questionamento se tornarão mais suaves. Geralmente, esses evangélicos procuram as igrejas presbiterianas, anglicanas ou luteranas, por serem consideradas as mais intelectualizadas. Alguns até conseguem se adaptar. Outros, porém, não conseguindo obter respostas para seus questionamentos, decidem abandonar por completo a participação numa instituição evangélica e passam a ser considerados, pelos evangélicos institucionalizados, um "desviado".

Em geral – é muito importante enfatizar –, alguns ex-evangélicos se mantêm cristãos sem instituição, outros migram para uma religião diferente, e outros ainda se tornam ateus ou agnósticos. Quanto mais o número de evangélicos no Brasil cresce, naturalmente aumenta também o número de ex-evangélicos. Engana-se quem acredita que todos são ex-evangélicos porque se decepcionaram com a instituição. Alguns o fazem porque elaboram questionamentos que nenhuma explicação teológica, de nenhuma denominação, consegue responder. O ex-evangélico sofre diversos preconceitos, afinal, muitos amigos da época da igreja o abandonaram, considerando-o traidor. Alguns evangélicos não compreendem certos questionamentos existenciais de indivíduos que desistem daquela fé e veem os ex-evangélicos com certa pena, pois pensam que abandonaram a fé evangélica por causa de algum trauma que não conseguiram tratar, o que até pode ser fato.

Em geral, o evangélico não tem a menor noção de que, aos olhos das outras pessoas, sua fé parece arrogância. Ao mesmo tempo que se sente um privilegiado por ter convicção de que irá para o Céu, não sente que isso o torna melhor do que os outros, mesmo que essa seja a imagem que acaba transparecendo. Pelo contrário. Um evangélico está sempre ouvindo um pregador lhe dizer que ele é um pecador. Sente muita gratidão a Deus porque, mesmo sendo tão pecador, foi salvo das garras do mal pela graça de Deus.

Da mesma forma, a maioria dos evangélicos não tem noção de que está sendo desagradável quando tenta convencer os demais a se converterem à mesma fé. Os evangélicos têm tanta convicção de que corriam risco de irem para o Inferno e que Jesus os livrou desse castigo, que querem que outros também tenham essa mesma experiência, que julgam positiva. Ou seja, os evangélicos são *chatos* justamente com as pessoas de quem eles mais gostam, pois consideram que elas estão correndo um sério risco de irem para o Inferno e precisam ser salvas desse perigo.

CAPÍTULO QUATRO: HISTÓRIA DAS PRINCIPAIS CONTROVÉRSIAS NO BRASIL   185

Ao contrário do que muita gente pensa, o evangélico não é bobo. Ele tem consciência dos problemas da sua igreja e do que os evangélicos em geral fazem de errado na sociedade. Quando se depara com um pastor desonesto, ele tem consciência disso. Porém, pensa não ser problema dele. Se o pastor é desonesto, é problema dele com Deus, para quem, um dia, prestará contas. Muitas vezes um evangélico parece ingênuo porque trata a igreja dele como uma família: ele só faz autocrítica entre os pares, pois em público sempre esconderá os defeitos da sua igreja e realçará os pontos positivos.

Muitos evangélicos se olham com desconfiança. Para um tradicional, por exemplo, o pentecostal não estuda direito a Bíblia, com a profundidade teológica que a igreja dele tem. Já um evangélico pentecostal olha para uma denominação tradicional como uma igreja fria, que se apega ao intelectualismo e deixa de lado o agir do Espírito Santo. Por isso, o evangélico também considera que a denominação que ele acha errada está fazendo um desserviço para a propagação do evangelho, uma vez que atrapalha as pessoas a acreditarem do jeito certo. Entre os evangélicos há uma qualificação e hierarquização das igrejas. Os membros das igrejas protestantes tradicionais muitas vezes evitam utilizar o termo evangélico para si mesmos, com medo de serem confundidos com os pentecostais e neopentecostais. Assim, se autodenominam protestantes para se diferenciarem – e até se defenderem – de uma suposta superioridade qualitativa em relação aos evangélicos neopentecostais. Têm orgulho de estabelecer uma relação direta entre a sua denominação e a Reforma Protestante, para não serem identificados com denominações que surgiram de algum modismo momentâneo ou em consequência da ambição política de um determinado líder.

Os evangélicos não são ovelhinhas obedientes. Mais uma vez, ao contrário do que muita gente pensa, um evangélico não é uma ovelha que faz tudo aquilo que o pastor manda. A maioria faz exatamente o contrário: é desobediente, inclusive causando problemas à liderança de suas igrejas. É comum as pessoas comentarem que não concordam com a maior parte do que o pastor pregou do púlpito quando acaba o culto. E nem todo evangélico é alinhado politicamente. A questão é que, sempre que um grupo organizado começa a fazer campanha para um determinado nome, outros evangélicos – inclusive pastores – ficam calados, pois sabem que uma discussão naquele momento de ânimos inflamados será inútil. Mas, na hora do voto, votam naquele que acham ser a melhor opção, mesmo que não seja o nome indicado pela liderança.

A melhor maneira de unir os diferentes evangélicos (ou qualquer grupo heterogêneo), é quando uma ameaça/inimigo em comum é detectado. Por isso enfatizam tanto campanhas em defesa da família. Questões como casamento gay e aborto costumam ser vistas como ameaça para quase todos os segmentos evangélicos. Porém, ao mesmo tempo, há evangélicos tolerantes que acreditam que outras pessoas serão salvas, mesmo que estejam praticando uma religião diferente da sua. Assim como na pós-modernidade líquida existem católicos que não acatam a autoridade do papa e descartam a transubstanciação, acreditando na eucaristia como mero simbolismo, existem evangélicos que não acreditam no fundamento basilar da salvação pela fé – que motivou a Reforma Protestante a existir no século 16 e acreditam que, no Juízo Final, as pessoas serão julgadas pelas obras que fizeram, e não pela fé que professaram. A pós-modernidade líquida do século 21 relativizou a postura anticatólica que os missionários introduziram nos séculos 19 e 20.

Em geral, uma igreja é definida pela sua liturgia, sua administração, seus costumes, sua doutrina, entre outros aspectos. Os evangélicos mais antigos sempre costumaram dialogar entre si e relativizar todos os aspectos, sem renunciar à doutrina. Porém, com a ascensão da pós-modernidade e do mundo líquido, até a doutrina passou a ser relativizada, dialogando até mesmo com outras religiosidades. Atualmente, o que não se abre mão é da centralidade de Jesus como único Senhor e Salvador.

Dessa forma, cada ponto sempre esteve aberto a controvérsias. Por isso, cada congregação local ou denominação define um conjunto

CAPÍTULO QUATRO: HISTÓRIA DAS PRINCIPAIS CONTROVÉRSIAS NO BRASIL 187

daquilo que crerá e seguirá. As classificações são didáticas para ajudar no entendimento do todo, mas jamais darão conta completamente da realidade evangélica. Cada denominação, cada igreja, cada congregação é única e precisa ser analisada dessa forma. E, no aspecto individual então, nem há como dimensionar. Cada evangélico é um ser único.

CONSIDERAÇÕES FINAIS

Geralmente, toda denominação, como toda religião, roga para si o discurso de ser a portadora da verdade acima das demais. Mesmo que tolerem que a outra esteja parcialmente correta, acreditam que a sua doutrina é a *mais* correta. Por isso, estudar – do ponto de vista histórico – a origem de uma denominação protestante requer levar em conta a complexidade dessa tarefa e não reproduzir o discurso do mito fundador, sempre ancorado na figura extraordinária de algum herói, de preferência martirizado ou perseguido por suas convicções. Deve-se ter um olhar crítico que vá além do que a própria denominação roga para si como sua origem. Neste livro, conseguimos reunir e apresentar mais de setenta denominações, cada uma na sua singularidade.

Como vimos, o movimento evangélico é muito diversificado e complexo. No Brasil, apesar de o primeiro contato ter sido com imigrantes europeus, os evangélicos formaram sua identidade a partir de uma ação missionária muito forte, de diversas denominações vindas dos Estados Unidos, que tiveram – e têm – uma influência considerável. Ao contrário da colonização portuguesa, adepta da denominada Contrarreforma católica do século 16, trazida predominantemente pelos missionários jesuítas, os missionários estadunidenses trouxeram o Protestantismo fundamentalista para disputar o campo religioso, fazendo com que, ao invés de cooperação, aqui se formasse uma disputa entre católicos e evangélicos, disputa esta que se exemplifica na comemoração, entre os evangélicos, cada vez que um novo censo demográfico demonstra crescimento numérico deste em face da diminuição numérica de católicos. Esse Protestantismo fundamentalista de origem estadunidense não compreende o movimento de secularização do Protestantismo europeu e acredita que a Europa se apostatou,

CONSIDERAÇÕES FINAIS

precisando ser evangelizada de novo, o que significa implantar lá também a vertente fundamentalista.

Como o movimento evangélico é bastante complexo, ao estudá-lo é preciso tomar todo o cuidado para não se cometer injustiças, reducionismos ou confusões. Deve-se evitar confundir nomes parecidos de denominações muito diferentes, como a Igreja Congregacional e a Congregação Cristã no Brasil, ou confundir menonitas com metodistas. Também é preciso evitar agrupar movimentos muito diferentes dentro de uma mesma rotulação, principalmente quando se refere ao termo neopentecostal. E não é porque uma igreja tem a mesma prática de outra, que ambas acreditam na mesma doutrina. Testemunhas de Jeová, mórmons e adventistas podem igualmente bater à sua porta para tentar convertê-lo, mas cada um terá uma pregação bem diferente.

Vimos também que as denominações não estão uniformemente espalhadas por todo o território nacional. Isso nos mostra que, para além das questões espirituais, elas também são fruto do contexto social e cultural onde estão inseridas e onde surgiram. Os presbiterianos se estabeleceram no interior paulista e no sul de Minas Gerais, mesma região do café, porque, à época, foi onde encontraram mais espaço para a sua pregação. Expandiram-se para o Paraná, que se tornou lugar de concentração da Igreja Presbiteriana Independente. As igrejas influenciadas pela imigração europeia concentram-se no Sul do país; afinal, é lá que estão muitas colônias estrangeiras. Não por acaso, a sede dos luteranos fica no Rio Grande do Sul. Os batistas se concentram nos estados mais litorâneos, sobretudo no Espírito Santo e no Rio de Janeiro, onde os missionários pregavam à época em que o melhor meio de se viajar era o navio. São Paulo, a cidade mais cosmopolita, foi o principal celeiro das novidades, principalmente os pentecostalismos trazidos do exterior. E muitas igrejas neopentecostais surgiram e se expandiram a partir de Goiânia, uma das capitais mais novas do Brasil.

Não menos importante também é perceber que nem toda igreja que se apresenta com um determinado nome significa que é, de fato, pertencente àquela determinada denominação homônima – ou quase.

190 A HISTÓRIA DOS EVANGÉLICOS PARA QUEM TEM PRESSA

Igrejas novas e autônomas, em busca de prestígio, gostam de se denominar por termos consagrados, como presbiteriana ou batista, ainda que não estejam de acordo com a doutrina dessas denominações nem sejam por elas reconhecidas. A confusão entre as várias nomenclaturas evangélicas é tão grande e complicada, que – só para citar mais um exemplo – em São Paulo encontramos, no bairro dos Campos Elíseos, a Igreja Presbiteriana Unida de São Paulo, a qual, a nível denominacional, é uma igreja que faz parte da Igreja Presbiteriana do Brasil, e não da denominação Igreja Presbiteriana Unida do Brasil. A Igreja Presbiteriana Unida de São Paulo, no mesmo bairro, não concorda com a teologia da denominação Igreja Presbiteriana Unida do Brasil.

Essa viagem no tempo, que fizemos neste livro, nos mostrou que os evangélicos são, sobretudo, inconformados. Estão sempre em busca de renovação. Há uma busca permanente por se desprender da institucionalidade. Eles querem ser diferentes, livres, autênticos, sem amarras institucionais ou burocráticas, que dependam exclusivamente da Bíblia, de um relacionamento pessoal e íntimo com Jesus, e do mover do Espírito Santo, entretanto acabam precisando se unir e, ironicamente, se institucionalizar, como analisou o sociólogo Max Weber. De tempos em tempos, surgia, e sempre surgirá, um profeta carismático dizendo que a sua religião perdera a essência dos primórdios e precisava ser renovada. Ele começaria um movimento de restauração, que também se institucionalizaria e dali sairia um novo profeta, com a mesma pregação. Um ciclo sem fim que, *ad aeternum*, produziria novas denominações.

Visando essa renovação, os evangélicos buscam a idealização que se faz da Igreja Primitiva. Idealização porque, na realidade, nunca houve a perfeição desejada. Os movimentos que dizem ser preciso restaurar a pureza do Cristianismo Primitivo focam na Igreja de Jerusalém, descrita biblicamente em Atos 2, mas se esquecem de que igrejas como a de Corinto (há duas cartas no Novo Testamento para ela) e de Laodiceia (Apocalipse 3:14-21) também constituíam esse Cristianismo Primitivo, sem contar as inúmeras repreensões que o

CONSIDERAÇÕES FINAIS

apóstolo Paulo enviou para todas as igrejas, inclusive dizendo que elas eram inconstantes e estavam o tempo todo mudando de doutrina.

Aliás, sobre isso, os evangélicos gostam de citar Efésios 4:14, que afirma: "O objetivo é que não sejamos mais como crianças, levados de um lado para o outro pelas ondas teológicas, nem jogados para cá e para lá por todo vento de doutrina e pela malícia de certas pessoas que induzem os incautos ao erro." As denominações utilizam esse versículo para dizer que têm a pregação correta e verdadeira da doutrina correta, para seus membros não irem para outra denominação, que terá uma pregação errada, "vento de doutrina", mas se esquecem de que, no passado, também já foram uma novidade, e uma denominação anterior disse o mesmo sobre ela.

Um olhar leigo pode precipitadamente acreditar que o movimento evangélico é um grupo coeso, porém, como vimos, um olhar mais cuidadoso mostra que tal premissa não corresponde à realidade. Mais do que coesão, os evangélicos se olham com desconfiança. Se utilizarmos o conceito de campo do sociólogo Pierre Bourdieu, entenderemos claramente que as denominações estão em constante concorrência e só se unem diante de uma ameaça em comum. A Igreja Presbiteriana, por exemplo, olha com desconfiança para a Adventista. Entre outros motivos, acusam os adventistas de basearem sua doutrina além da Bíblia, por levarem em conta os escritos de Ellen G. White como normativos. Por outro lado, os adventistas olham para os presbiterianos como muito condescendentes em seus costumes, pois se permite às mulheres usarem joias, o que significa uma vaidade carnal. Ao mesmo tempo que os presbiterianos acusam os adventistas de seguirem Ellen G. White, parecem se esquecer de que a sua doutrina baseia-se nos escritos de Calvino. Os presbiterianos dirão: "Nós não colocamos os escritos de Calvino em pé de igualdade com a Bíblia." Mas quem disse que os adventistas fazem isso com os escritos de White?

Assim, tudo é questão de interpretação. Todas as denominações dizem que estão fazendo uma interpretação pura da Bíblia, mas não percebem que, na verdade, a leem à luz da tradição. O maior exemplo disso é o conflito entre Tiago 2:24 e Efésios 2:8-9. O primeiro afirma categoricamente: "O homem é justificado pelas obras, e não somente pela fé." Já o segundo afirma: "Pela graça sois salvos, por meio da fé, e isto não vem das obras." A primeira reação das denominações evangélicas é afirmar a necessidade de se observar o contexto. Porém, o contexto não muda, e cada autor está defendendo uma posição antagônica. Assim, passa-se a explicar o que cada um realmente quis dizer. Bom, por que ele já não disse? Ou seja, os evangélicos não percebem que estão lendo o texto bíblico a partir da interpretação dada pela Reforma. Se pressupõe-se que a salvação é pela graça, e não pelas obras, dar-se-á ênfase a esses escritos e relativizar-se-ão os demais, explicando o que, na verdade, se queria dizer. Ao ler a Bíblia pela tradição, mesmo sem admitir, está-se fazendo o mesmo que a Igreja Católica.

E não é só isso. Quando Lutero deflagrou a Reforma Protestante, ele negou a tradição e o papado. Disse que a única autoridade de fé era a Escritura Sagrada. Cada crente deveria lê-la e ter a sua própria experiência. À medida que isso foi acontecendo, cada um começou a fazer uma nova interpretação do texto bíblico, e surgiram novas doutrinas. O que, então, os luteranos fizeram? Começaram a escrever confissões, dizendo qual era a interpretação correta da Bíblia. Fizeram o que criticavam na Igreja Católica. E assim é até hoje. Sempre que surge uma nova denominação dizendo-se a verdadeira portadora da interpretação correta da Bíblia, ela precisa criar uma declaração doutrinária para explicar qual é essa interpretação correta.

Tudo isso nos leva a uma reflexão muito importante. Vimos como as certezas teológicas mudam com o passar do tempo. O que numa época era amplamente condenado, como o futebol, em outra época é totalmente aceito. Uma denominação sempre surge dizendo-se a portadora da verdade bíblica e restauradora da suposta pureza da Igreja Primitiva, até que outro movimento saia daquela denominação e diga o mesmo. Tudo isso, portanto, deve fazer de nós pessoas mais tolerantes. Se todos sempre tiverem certezas sobre tudo, ficará impossível o diálogo e a convivência. Portanto, é preciso pensar que, talvez, essa certeza toda de hoje não será a certeza de amanhã e, por isso, o outro pode estar certo também.

E se o outro pode estar certo, não é preciso competir. Cada denominação requer para si certa superioridade. As protestantes tradicionais buscam legitimar uma suposta superioridade na tradição histórica. As pentecostais, por sua vez, na experiência individual. Alguns grupos sectários, nos resultados. Porém, outra interpretação é possível: não se trata de superioridade, mas de ênfase que, juntas, podem e devem mais se complementar do que concorrer entre si.

BIBLIOGRAFIA BÁSICA

BLOCH, Ernst. *Thomas Müntzer, teólogo da revolução*. Rio de Janeiro: Tempo Brasileiro, 1973.

CHAUNU, Pierre. *O tempo das reformas. 1225-1550*. II. A Reforma Protestante. Lisboa: Editorial Presença, 1975.

DE BONI, Luis Alberto (org.). *Escritos seletos de Martinho Lutero, Tomás Müntzer e João Calvino*. Petrópolis: Vozes, 2000.

DELUMEAU, Jean. *Nascimento e afirmação da Reforma*. São Paulo: Biblioteca Pioneira de Ciências Sociais, 1989.

DREHER, Martin N. *A crise e a renovação da Igreja no período da Reforma*. São Leopoldo: Sinodal, 2006. 4ª Edição.

_____. *Fundamentalismo*. São Leopoldo: Sinodal, 2006.

_____. *A Igreja latino-americana no contexto mundial*. São Leopoldo: Sinodal, 1999.

ELTON, G.R. *A Europa durante a Reforma. 1517-1559*. Lisboa: Editorial Presença, 1982.

ENGELS, Friedrich. *Las guerras campesinas en Alemania*. Barcelona: Grijalbo, 1997.

FEBVRE, Lucien. *Martinho Lutero, um destino*. São Paulo: Três Estrelas, 2012.

GONZALEZ, Justo L. *E até os confins da Terra: uma história ilustrada do Cristianismo*. São Paulo: Vida Nova, 2011.

McGRATH, Alister. *Origens intelectuais da Reforma*. São Paulo: Cultura Cristã, 2007.

MIRANDA, Valtair (org.). *Reforma: passado ou presente?*. Rio de Janeiro: MK editora, 2006.

LEGOFF, Jacques. *O nascimento do Purgatório*. Petrópolis: Vozes, 1981.

BIBLIOGRAFIA BÁSICA

LINDBERG, Carter. *As Reformas na Europa*. São Leopoldo: Sinodal, 2001.

LOYN, Henry R. *Dicionário da Idade Média*. Rio de Janeiro: Jorge Zahar, 1997.

MARIANO, Ricardo. *Neopentecostais: sociologia do novo pentecostalismo no Brasil*. São Paulo: Edições Loyola, 2005.

MENDONÇA, A.G. *O celeste porvir. A inserção do protestantismo no Brasil*. São Paulo: Paulinas, 1984.

NIEBUHR, H. Richard. *As origens sociais das denominações cristãs*. São Paulo: ASTE, 1992.

WEBER, Max. *A ética protestante e o 'espírito' do capitalismo*. São Paulo: Companhia das Letras, 2004.

A HISTÓRIA DO MUNDO
PARA QUEM TEM PRESSA
MAIS DE 5 MIL ANOS DE HISTÓRIA RESUMIDOS EM 200 PÁGINAS!

A HISTÓRIA DO BRASIL
PARA QUEM TEM PRESSA
DOS BASTIDORES DO DESCOBRIMENTO À CRISE DE 2015 EM 200 PÁGINAS!

A HISTÓRIA DO SÉCULO 20
PARA QUEM TEM PRESSA
TUDO SOBRE OS 100 ANOS QUE MUDARAM A HUMANIDADE EM 200 PÁGINAS!

A HISTÓRIA DO UNIVERSO PARA QUEM TEM PRESSA
DO BIG BANG ÀS MAIS RECENTES DESCOBERTAS DA ASTRONOMIA!

A HISTÓRIA DO SISTEMA SOLAR PARA QUEM TEM PRESSA
UMA FANTÁSTICA VIAGEM DE 10 BILHÕES DE QUILÔMETROS!

A HISTÓRIA DA CIÊNCIA PARA QUEM TEM PRESSA
DE GALILEU A STEPHEN HAWKING EM APENAS 200 PÁGINAS!

A HISTÓRIA DA FILOSOFIA PARA QUEM TEM PRESSA

DOS PRÉ-SOCRÁTICOS AOS TEMPOS MODERNOS EM 200 PÁGINAS!

A HISTÓRIA DE JESUS PARA QUEM TEM PRESSA

DO JESUS HISTÓRICO AO DIVINO JESUS CRISTO!

A HISTÓRIA DOS EVANGÉLICOS PARA QUEM TEM PRESSA

DOS LUTERANOS AOS NEOPENTECOSTAIS EM 200 PÁGINAS!

A HISTÓRIA DA MITOLOGIA PARA QUEM TEM PRESSA

DO OLHO DE HÓRUS AO MINOTAURO EM APENAS 200 PÁGINAS!

A HISTÓRIA DA TELEVISÃO BRASILEIRA PARA QUEM TEM PRESSA
DO PRETO E BRANCO AO DIGITAL EM 200 PÁGINAS!

A HISTÓRIA DO FUTEBOL PARA QUEM TEM PRESSA
DO APITO INICIAL AO GRITO DE CAMPEÃO EM 200 PÁGINAS!

A história do CINEMA para quem tem pressa
DOS IRMÃOS LUMIÈRE AO SÉCULO 21 EM 200 PÁGINAS!

A HISTÓRIA DA ASTROLOGIA PARA QUEM TEM PRESSA
DAS TÁBUAS DE ARGILA HÁ 4.000 ANOS AOS APPS EM 200 PÁGINAS!